유아를 위한
영성지향
사랑교육
활동

김영주 · 신혜경 · 임효정 공저

학지사

머 리 말

　최근 영성과 관련한 학문적 연구가 사회복지학, 간호학, 심리학 등 다양한 분야에서 활발하게 이루어지고 있다. 유아교육·보육 분야에서도 이러한 학문적 경향에 따라 영성에 관한 연구와 실천이 늘어나고 있다. 특히 인지 위주의 유아교육·보육에 대한 우려가 영성지향 유아교육에 대한 관심을 촉발하였으며, 현재 우리 사회의 아동을 둘러싼 공격성, 문제행동, 우울 등의 문제에 대한 대안책 중 하나로 영성지향 유아교육을 제시하기도 한다.

　사랑은 학문 영역에서보다는 문학과 예술 영역에서 주로 다루어지는 주제였다. 최근에서야 학문 영역에서도 사랑을 다루고 있는데, 특히 심리학의 한 분야인 긍정심리학의 연구 주제 중 하나가 사랑이다. 『긍정 심리학』의 저자 권석만은 긍정적 성품으로서의 사랑을 다른 사람과 애정을 주고받을 수 있는 능력이라고 말한다. 이는 사랑을 가르치고 훈련시킴으로써 함양될 수 있는 개인적·심리적 능력으로 본 것이다. 이러한 관점에서 영성지향 사랑교육의 목적은 초월적인 존재와의 연결을 통해 절대적이고 영원한 사랑이 있음을 믿고, 어떠한 경우에도 사랑하기를 포기하지 않도록 하는 것이라고 할 수 있다.

　이 책은 유아에게 사랑을 경험하게 하고 사랑을 실천할 수 있도록 하는 영성지향 사랑교육 활동을 다루었다. 1장에서는 영성지향 사랑교육의 개념과 필요성에 대하여 살펴보았다. 2장에서는 유치원과 어린이집 같은 유아교육·보육 기관에서 활용할 수 있도록 누리과정에 적용할 수 있는 사랑교육 관련 내용을 분석하였고, 3장에서는 더 나아가 누리과정 생활주제와 연계한 영성지향 사랑교육 활동을 제안하였다.

영성지향 사랑교육 활동을 위해 주로 쓰인 교육적 도구는 그림책과 음악이다. 예를 들어, 『강아지똥』과 같은 그림책을 보여 주고 명상을 하는 동안 음악을 들려줌으로써 사랑을 시각적·청각적으로 느끼도록 도와주는 방법을 시도했다. 이 책에서 고안한 영성지향 사랑교육 활동은 유아의 인지발달 단계에 맞춘 감각 위주의 활동이다. 또한 그동안 유아교육·보육 분야에서 이루어진 영성지향 유아교육과 맥을 같이하는 발도르프, 생태주의, 몬테소리 등의 전통에서 비롯된 명상과 심상화 등의 활동을 포함시켰다. 각각의 활동은 24가지이며, 누리과정 및 표준보육과정의 생활주제와 연계하여 계획되었다.

이러한 영성지향 사랑교육 활동은 관계 맺기의 영역에서뿐만 아니라 정서나 사회성과 같은 영역에서도 긍정적인 발달을 이루어 가도록 할 수 있다. 또한 연민, 공감, 우정, 기쁨, 심미감, 타 문화에 대해 열린 마음 등 사랑을 둘러싼 다양한 감정을 경험하게 할 수 있다. 실제로 이 활동을 실시하고 나서 유아의 친사회적 행동이 증가하고, 자기효능감과 자기조절력이 향상되는 것을 확인하였다.

이 책을 통하여 유아교육·보육 기관에서 영성에 관심을 갖고, 영성지향 사랑교육을 실행해 보기 바란다. 이후로 영성지향 감사교육 및 직관교육 등을 계속해서 제안하고 싶다. 그러기 위해 유아교육 현장에서 이 유아를 위한 영성지향 사랑교육 활동에 대해 거침없는 비판과 함께 생산적 대안을 제시해 주길 기대한다.

2014년 3월
저자 일동

차 례

CHAPTER 03 유아를 위한 영성지향 사랑교육의 실제　65

Chapter

01 영성지향 사랑교육의 이론적 기초

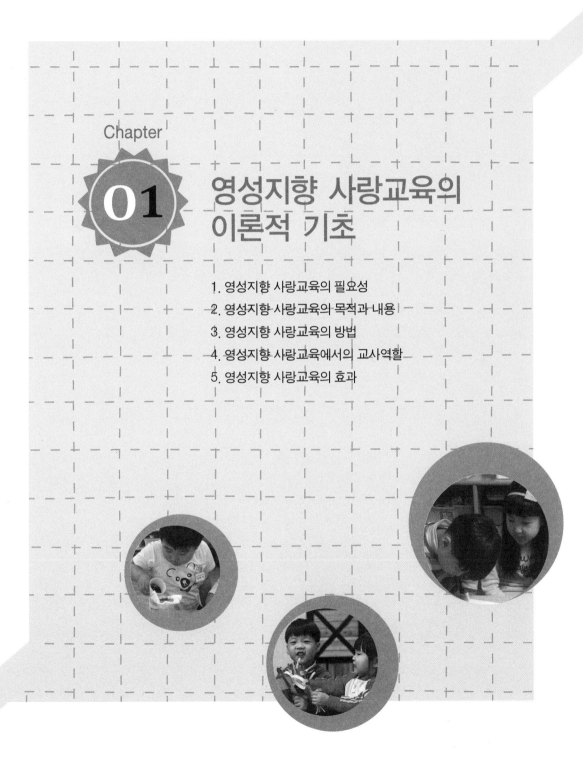

1. 영성지향 사랑교육의 필요성

1) 유아기 사랑교육의 필요성

사랑은 지금까지 과학이나 교육의 대상이 아니었다. 사랑은 시와 소설, 음악, 미술 등 예술의 형태로 존재해 왔다. 누구나 사랑을 노래하고 사랑을 추구해 왔지만, 사랑이 가르치고 훈련될 수 있는 것인지에 대해 연구하기 시작한 것은 얼마 되지 않았다.

최근 긍정심리학의 연구 주제로서 사랑이 다루어지고 있다. 긍정적 성품으로서의 사랑은 다른 사람과 애정을 주고받을 수 있는 능력을 말한다(권석만, 2011). 이는 사랑을 가르치고 훈련시킴으로써 함양될 수 있는 개인적·심리적 능력으로 본 것이다.

이처럼 사랑을 심리적 특성으로 보는 관점은 Erikson의 심리사회적 발달이론이나 Bowlby의 애착이론에서도 확인할 수 있다. Erikson의 심리사회적 발달단계 중 첫 번째 단계는 기본적인 신뢰감 및 불신감 단계다. 이 시기는 영아가 일차적인 양육자로부터 일관성 있고 애정 어린 양육을 받음으로써 세상은 신뢰할 만하다고 인식하는 단계다. 영아가 이 시기에 형성하는 기본적인 신뢰감은 이후의 시기에 타인과 관계 맺는 것의 기초가 된다. 반대로 이 시기에 기본적인 신뢰감을 형성하지 못한다면, 타인에 대한 불신감을 형성하게 되고 이후의 삶에서도 타인을 믿지 못하고 애정을 시험하거나 거부하는 경향이 높다고 Erikson은 설명했다. 신뢰감을 사랑과 관련된 긍정적인 감정이라고 본다면, 생애 초기에 일차적인 양육자와의 관계에 의해서 사랑의 기초가 형성됨을 알 수 있다.

애착이론은 아동과 부모의 유대관계에 관한 이론이다. Bowlby(1969)는 제2차 세계대전 이후 고아원에서 자란 아동들이 타인과의 관계 형성에 문제를 가지고 있는 것을 발견하였다. 이 문제에 관심을 가진 그는 동물행동학 이론을 부모 자녀 간의 애착에 적용하여 애착이론을 확립했다. 그에 따르면 인간 아기는 애착을 형성하고자 하는 내적 욕구를 가지고 태어나며, 그것을 충족시킬 수 있는 내적 기제를 지니고 있다고 하였다. 이러한 내적 기제에 의해 아기는 어머니에게 미소 짓거나 다가가는 행동을 보이기도 하고, 어머니는 아기의 애착행동에 반응하면서 아기와 어머니 간에 정서적 유대가 형성된다. Bowlby는 어머니와 자녀 간에 형성되는 정서적 유대를 애착이라고 정의하였다. 이러한 애착은 어머니와 아기의 상호작용 양식에 따라 그 정도와 유형이 다르게 형성되며, 이 시기에 형성된 애착의 정도와 유형은 전 생애를 통해 지속된다. 애착의 유형은 안정애착, 불안정애착, 회피애착 등이 있다. 이 중에서 생애 초기에 안정애착을 형성한 사람은 자신과 타인을 긍정적으로 인식하고, 이를 바탕으로 자신감을 지니고 타인과 긍정적인 관계를 형성한다. 안정애착을 형성한 사람은 기본적으로 타인을 신뢰하기 때문에 타인과의 사소한 갈등이나 문제에 얽매이지 않고 이를 쉽게 해결해 나가는 능력을 지닌다. 권석만(2011)은 이를 사랑 능력의 핵심적 요소라고 하였다. Kobak와 Hazan(1991)은 안정애착의 특성을 보이는 사람들이 공동과제를 수행할 경우 상대방에게 더 많은 지지를 보내는 반면, 거부적인 행동을 더 적게 한다고 하였다.

Erikson의 심리사회적 발달이론과 Bowlby의 애착이론을 통해서 볼 때, 사랑은 개인의 심리적 특성이며 생애 초기에 그 핵심적인 능력의 기초가 형성됨을 알 수 있다. 또한 개인이 처한 상황이나 환경에 따라 그 능력의 정도나 유형이 달라지기도 한다. 다시 말하면, 사랑의 능력은 생애 초기에 그 기초가 형성되며, 상황이나 환경에 따라 그 능력의 정도나 유형이 달라지는 것으로 미루어 볼 때, 교육과 훈련이 가능하다.

따라서 유아교육/보육 기관에서 영유아를 대상으로 사랑에 관해 교육할 필요가 있다. 유아교육/보육 기관에서 사랑을 교육함으로써 영유아는 이후에 긍정적인 관계를 맺어 갈 수 있는 심리적 자원을 얻을 수 있다. 관계 맺기의 영역에서 뿐만 아니라 정서, 사회성과 같은 다른 영역에서도 긍정적인 발달을 이루어 갈 수 있다.

2) 영성지향적 사랑의 특성

그러면 왜 영성지향적 사랑이어야 하는가? 영성이란 인간의 실존적 한계를 초월할 수 있는 궁극적인 것, 절대적인 것, 영원한 것, 성스러운 것을 추구하는 태도를 뜻한다(권석만, 2011). 영성지향적 사랑이란 인간 간의 조건적이고 한계가 있는 사랑이 아니라 절대적이고 궁극적이며 무한한 사랑을 추구하는 것이다.

Freud와 Jung은 이러한 영성지향적 사랑에 대해 언급하였는데, 두 심리학자의 영성지향적 사랑에 대한 설명은 각기 다르며, 기여하는 바도 다르다. Freud는 종교를 환상이라고 보았다. 특히 신은 인간인 아버지로부터 받을 수도, 기대할 수도 없는 무조건적인 사랑에 대한 소망을 충족시키기 위한 상상적 창조물, 즉 환상이라는 것이다. 인간의 무조건적인 사랑에 대한 소망은 생애 초기에 무조건적 사랑과 보호를 받은 경험에서 비롯된다. 아동은 배변 훈련이 시작되기 전까지 양육자로부터 무조건적인 사랑과 보살핌을 받는다. 그러나 항문기에 도달하면서 배변 훈련이 시작된다. 이전 시기까지는 아무 때나 배변을 해도 괜찮았지만, 항문기 이후에는 아무 때나 배변을 할 경우 질책이 따르게 된다. 아동의 입장에서는 무조건적인 사랑과 보살핌을 받던 천국에서 쫓겨나는 경험인 것이다. 다음 시기인 남근기에는 이성 부모를 차지하고 싶어 하면서, 동시에 죄의식을 느끼는 오이디푸스 콤플렉스가 나타난다. 이로 인해 아동은 죄의식, 공포, 금지된 것에 대한 갈망 등을 느끼게 된다. 아동이 구강기를 지나 항문기, 남근기, 잠복기를 거쳐 성장해 나가는 과정에서 아동은 생애 초기의 무조건적이고 절대적인 사랑을 경험했던 천국으로 다시 돌아가고자 하는 소망을 지닌다고 Freud는 설명했다. 이것이 바로 Freud가 설명한 절대적이고 무조건적인 사랑, 영성지향적 사랑에 대한 추동이다. 인간은 이러한 영성지향적 사랑에 대한 추동력을 지니고 끊임없이 사랑을 추구한다.

Jung은 인간은 무의식과 의식을 지니고 있다고 보았다. 의식은 자아가 지각하고 있는 정신세계를 의미하고, 무의식은 자아가 아직 지각하지 못하고 있는 내적 정신세계를 일컫는다. 자아란 의식세계의 중심이지만, 자기(self)란 무의식과 의식을 모두 포함한 정신세계의 중심을 말한다.

의식세계의 중심인 자아는 외부 세계에 적응하기 위해 여러 가지 행동 양식을 가진다. 예를 들어 외부 세계와 관계를 맺기 위해 외적 인격을 발달시키는데, 이를 페르소나라고 한다. 페르소나는 사회적 역할을 의미하며, 외부 세계에서 살아가는 데 필요한 일종의 가면이다. 페르소나에 대치되는 내적 인격은 무의식으로서 집단 무의식과 개인 무의식으로 이루어져 있다. 개인 무의식은 출생 이후 개인의 특수한 경험으로 인해 의식하지 못하고 있는 것이며, 집단 무의식은 모든 인간이 공통적으로 지니고 있는 근원적 원형으로서 태어날 때부터 가지고 태어난다.

집단 무의식을 구성하는 원형은 인간의 원초적인 행동 유형이다. Jung은 남성의 경우 무의식에 여성적 원형인 '아니마'를, 여성의 경우 남성적 원형인 '아니무스'를 지니고 있다고 하였다. 아니마는 여성적인 것으로 막연한 느낌과 기분, 육감, 비합리적인 것에 대한 감수성, 사랑의 능력, 자연에 대한 느낌, 즉 에로스적인 것과 관련되어 있다. 반면, 아니무스는 남성적인 책임과 믿음, 잔인함과 광폭성, 이성, 합리성, 즉 로고스적인 것과 관련되어 있다. 남성 안에 있는 여성적 원형인 아니마가 다른 여성에게 투사될 때, 황홀한 신비감이나 강렬한 공포 또는 불쾌감 등 강력한(어떤 경우는 신비하기까지 한) 감정을 수반한다. 무의식적 원형은 인간의 정신세계의 심혼에 있는 것으로, 밖으로 투사될 때 강한 감정적인 반응을 보이며 에너지를 분출하기 때문이다. 이 원형적 에너지는 초인적이고 비인간적인 충동으로 누미노즘(Numinosum, 신성한 힘)을 내포한다. 이처럼 원형적 혹은 신적 세계를 경험하는 것을 차제순(2010)은 사랑에 빠지는 것이라고 하였다.

그러나 자신의 무의식 안에 있는 원형을 상대에게 투사하여 사랑에 빠지는 것은 진정한 사랑이라고 할 수 없다. 이는 사랑에 '빠지는' 것이지 사랑 '하는' 것은 아니다. 진정한 사랑은 인간 무의식에 존재하는 원형, 즉 남성에게는 자기 무의식 속의 여성성 즉 아니마를, 여성에게는 자기 무의식 속의 남성성, 즉 아니무스를 의식화할 때 가능하다. 이 의식화 과정은 남성에게는 사랑과 감정의 분화

과정이며, 여성에게는 정신적인 지혜의 발달 과정이다. 다시 말하면 여성은 맹목적이고 본능적이고 비논리적인 사랑에서, 보다 성숙하고 통합된 사랑과 지혜로 나아가는 것이며, 이성을 지향하는 남성의 경우에는 합리적인 사고에 대한 과도한 집착에서 벗어나 사랑과 감정을 분화시켜 나가는 의식화 과정을 겪는 것이다. 이처럼 무의식적 원형이 의식화되어 가는 과정을 개성화라고 하며, Jung은 개성화 과정을 자기실현이라고 보았다.

Jung에게 있어 영성지향적 사랑은 인간 안에 존재하던 아니마와 아니무스가 상대에게 투사될 때가 아니라, 스스로에게 의식화될 때 가능하다. 이러한 의식화 과정은 결코 쉽지 않다. 상대에게 투사하던 무의식적 원형을 의식화하는 일은 합리성을 가장한 집착에서 벗어나는 것(남성의 경우)이기도 하고, 맹목적이고 비논리적인 사랑에서 지혜롭고 성숙한 사랑으로 나아가는 것(여성의 경우)이기도 하다. 다시 말하면 자신 안에 있던 이성에 관한 무의식적 원형을 내려놓고, 상대방을 있는 그대로 받아들이며 존중하고 배려하는 것이다.

이상에서의 논의를 바탕으로 정리해 보면 영성지향적 사랑이란 다음과 같은 특성을 지닌다. 첫째, Freud를 통해서 볼 때, 영성지향적 사랑은 절대적이고 영원한 사랑에 대한 추동이다. 그러므로 타인과의 관계에서 실패할지라도 끊임없이 사랑을 추구한다. 둘째, Jung의 이론을 통해서 볼 때, 영성지향적 사랑은 무의식적 원형을 의식화하는 과정으로 자기를 실현하고자 하는 인간의 궁극적 목표이자 과정이다. 궁극적인 목표에 도달하려는 추구는 바로 자기 존재에 대해서 깊이 성찰하고, 초월적인 존재와의 연결감을 체험하며, 개체의 유한성을 극복하려는 태도(권석만, 2011)라는 점에서 영성지향적이다. 셋째, Freud에게 있어서 영성지향적 사랑은 아동기에 시작된다. 왜냐하면 생애 초기에 경험한 양육자로부터의 무조건적이고 절대적인 사랑에 대한 경험이 영성지향적 사랑에 필수적이기 때문이다. Jung 또한 아동기의 경험을 강조했다. 왜냐하면 각 개인에게 내재하는 무의식적인 아니마와 아니무스의 원형이 발달하는 단계는 생애 초기 이성 부모와의 관계에 의해 결정된다고 보았기 때문이다.

2. 영성지향 사랑교육의 목적과 내용

1) 영성지향 사랑교육의 목적

유아를 위한 영성지향 사랑교육의 목적은 1절에서 언급한 영성지향적 사랑의 특성에 기초하여 다음과 같이 정할 수 있다. 먼저, 생애 초기에 일차적 양육자와의 경험을 통하여 신뢰, 관용, 친밀 등과 같은 사랑과 관련된 감정의 기초를 형성하는 것이 첫 번째 목적이다. 연민, 공감, 우정, 기쁨, 심미감, 타 문화에 대해 열린 마음 등 사랑을 둘러싼 다양한 감정을 경험해 보는 것이다.

다음으로, 사랑을 표현하는 방식과 기술을 습득하는 것이 두 번째 목적이다. 예를 들면 친구나 가족, 동물에게 사랑을 표현하고, 친절하게 행동하며, 용서하고 관대하게 대하는 방식을 습득하는 것이다.

마지막으로 영성지향 사랑의 특성 중 하나가 절대적이고 영원한 사랑에 대한 추동, 다시 말하면 개체의 유한성을 극복하고 초월적인 존재와의 연결감을 유지하는 것이다. 따라서 영성지향 사랑교육의 목적도 절대적이고 영원한 사랑에 대한 추동을 갖도록 하는 것이다. 그러기 위해서는 개체의 유한성을 넘어 초월적인 존재와의 연결을 유지하는 것이 필수적이다. 초월적인 존재와의 연결을 통해 절대적이고 영원한 사랑이 있음을 믿고, 어떠한 경우에도 사랑하기를 포기하지 않도록 하는 것이 영성지향 사랑교육의 마지막 목적이다.

2) 영성지향 사랑교육의 내용

김정신(2001)은 이상의 목적을 이루기 위하여 영성지향 사랑교육의 하위영역별 내용을 다음과 같이 설정하였다.

‖표 1-1‖ 영성지향 사랑교육의 내용

일반영역	하위영역
1. 친밀	사랑의 개념 이해, 사랑의 표현, 선을 위한 이타심 개발, 무아적인 사랑 체험, 신의 사랑 감지, 모든 사람 사랑하기, 연민의 앙양, 공감의 확대, 친절한 행동방식의 이해, 친밀한 공동작업 수행, 우정을 통한 친밀감 신장, 자연에 대한 감정이입의 개발, 동식물과의 친밀감 고취
2. 관용	자기 실수에 대한 좌절감 배제, 타인에 대한 관용 및 수용, 자타 문화의 유사점과 차이점 수용, 관대함의 체험, 용서의 체험
3. 기쁨	타인과 함께 즐기기, 활동을 통한 기쁨 향유, 자선을 통한 만족감 체험, 새로운 것을 창조하는 만족과 기쁨을 통한 영적인 삶의 육성, 우정을 통한 기쁨 감지, 일상생활에서의 즐거움 발견, 심미감의 향유

(1) 친밀

Erikson의 심리사회적 발달이론에 의하면 청년기의 발달과업은 친밀감을 형성하는 것이다. Erikson은 인간과 인간 사이의 밀접한 관계를 형성하는 것을 'intimacy'라고 하였고, 신과 친밀한 관계를 형성하는 것을 'Intimacy'라고 구분하였다. 청년기의 친밀감 형성은 영아기의 기본적인 신뢰감 형성을 전제로 한다. Sternberg는 사랑의 세 요소 중 하나인 친밀감을 가깝고 편한 느낌, 서로 이해하고 이해받으며, 긍정적인 지지를 공유하고 원활한 의사소통을 나누는 것으로 정의했다.

친밀영역에서는 자신과 가족, 친구, 이웃과의 관계를 통해 사랑의 개념을 이해하고, 이들에게 다양한 사랑의 표현을 하도록 돕는다. 공동의 선을 위한 이타심을 개발하고 이를 통해 모든 사람을 사랑하고 불쌍히 여기는 연민과 공감을 확대시켜 나가며, 모든 사람을 인격적으로 존중하고 친절하게 대하는 행동방식을 익힌다. 또한 친밀한 공동작업을 수행하며 우정을 신장시켜 나가도록 한다. 이러한 체험을 바탕으로 자연에 대해 감정이입 하며, 동식물과 친밀감을 고취시킬 수 있도록 돕는다. 마지막으로는 타인과의 관계, 동식물과의 친밀감, 자연에 대한 감정이입을 바탕으로 신의 사랑을 감지하고, 자신을 넘어서는 무아적인 사랑을 체험하게 한다.

(2) 관용

국어국문학회의 『새로 나온 국어대사전』에 의하면 관용이란 '너그럽게 받아들이거나 용서함'으로 정의되어 있다. 즉, 용서를 통해 부정적인 감정과 행동을 좀 더 긍정적인 감정과 행동으로 변화시키는 노력이라 할 수 있다(권석만, 2011).

관용의 구체적인 내용을 살펴보면 먼저 자기 자신의 실수에 대한 좌절감을 배제하는 것에서 출발한다. 자신이 실수할 수 있음을 알 때, 타인에 대한 관용과 수용의 태도를 가질 수 있기 때문이다. 자신과 타인에 대해 관대하며 자신의 실수와 타인의 실수를 용서하는 것을 통해 관용적인 태도를 가질 수 있다. 이 외에도 자기 문화와 타 문화의 유사점과 차이점을 수용함으로써 다문화 사회에 잘 적응하며 타인에 대한 실수와 잘못에 관대함과 용서를 체험한다.

(3) 기쁨

국립국어연구원의 『표준국어대사전』에 의하면 기쁨은 욕구가 충족되었을 때의 즐거운 마음이나 느낌을 말한다. 영유아를 포함한 인간은 스스로 무엇인가를 알아내고, 깨닫고, 창의적으로 표현하는 활동을 통해서 기쁨을 느낀다. 뿐만 아니라 일상생활에서 즐거움을 발견하면서 기쁨을 느끼기도 한다. 더 나아가 타인과의 관계에서 함께 즐기면서 기쁨을 느낀다. 예를 들어 친구와 함께 만든 신문지 공을 멀리 차는 활동을 하면서 느끼는 기쁨은 혼자서는 획득할 수 없다. 자신이 사용하던 물건을 나누어 쓰거나 바꿔 쓰는 활동, 자선 활동 등을 통해서도 기쁨을 누린다. 이 기쁨을 느끼면서 상대방에 대한 우정과 사랑이 싹트고 자라난다. 크리스마스 선물을 직접 만들어 친구에게 선물한다면 새로운 것을 창조하는 만족과 기쁨을 통한 영적인 삶을 경험할 수 있다. 마지막으로 심미감의 향유가 있다. 예를 들어 친구가 만든 찰흙작품을 감상하거나, 직접 그림을 그리면서 심미감을 경험할 수 있다. 혹은 예술가의 작품을 보면서 아름다움을 느낄 수도 있으며, 자연을 바라보며 심미감을 경험할 수 있다. 이렇게 아름다움을 감상할 뿐 아니라 아름다움을 표현하면서도 심미감을 느낄 수 있다. 우리나라 누리과정에서는 이 심미감에 대하여 아름다움 찾아보기, 예술적 표현하기 예술 감상하기로 나누어 영유아들에게 교육활동을 제공하고 있다. 이 유아를 위한 사랑교육 활동도 누리과정에 근거하여 예술 체험활동을 실시함으로써 심미감을 경험하고 더 나아가 유아가 영성적 기쁨을 느끼도록 할 수 있다. 권석만(2011)에 따르면 심미적인 경험은 외부 세계에 대한 긍정적인 인식으로서 애정과 유대감을 증대시킨다고 한다.

3. 영성지향 사랑교육의 방법

1) 내적 교육 방법

내적 교육을 통하여 유아는 자신을 바르게 인식하고, 자신의 감정을 조절하여 내면의 사랑과 기쁨을 얻을 수 있다. 규칙적인 명상이나 주의집중에 의한 감각활동 등은 내적 교육 방법으로 효과적이다.

(1) 명상

명상은 넓은 의미에서 깨어 있음(awareness)을 의미하는 것이다. 명상은 종교나 문화에 따라 다양한 유형이 있다. 종교나 문화를 떠나 보편적으로 행해지며, 유아에게 적용 가능한 명상을 찾아 나갈 필요가 있다. 산책도 명상이 될 수 있고, 꽃 냄새를 맡거나 새소리를 듣는 것도 명상이 될 수 있다. 만약 유아가 자신이 지금 무엇을 하는지 자각할 수 있다면 무엇을 하든지 명상이라고 볼 수 있다.

좀 더 좁은 의미의 명상은 눈을 감고 고요히 생각하는 것으로, 신체의식을 느끼고 감각에 집중하는 것이다. 유아교육에서 명상은 유아를 가장 자연스러운 상태로 이끌어 주기 위한 활동이다. 유아들을 위한 명상은 거창한 것이 아니라 일상생활을 통해 호흡이나 이완활동을 흥미롭게 배우고 실천할 수 있도록 분위기를 만드는 것만으로도 충분하다. 이러한 과정을 통하여 유아들은 명상을 쉽게 할 수 있다.

명상을 함으로써 몸과 마음이 편안해지고, 스트레스를 경감시킬 수 있으며, 이로 인해 자기감정을 조절할 수 있게 된다. 뿐만 아니라 타인의 감정을 이해하고 배려함으로써 긍정적인 또래관계를 형성할 수 있게 된다는 측면에서 명상은 영성지향 사랑교육의 내적 교육 방법의 하나다.

(2) 주의집중에 의한 감각활동

감각에 집중하는 모든 활동은 집중력을 회복시킨다. 뿐만 아니라 유아로 하여금 자연과 연결되었다는 느낌을 갖게 해 주어 감수성이 높아지고 자연에 대한 이해를 높인다. 따라서 주의집중에 의한 감각활동은 자연에 대한 감정이입을 돕고, 심미감을 향상시킨다.

주의집중에 의한 감각활동의 예로서 촉감 깨우기 활동을 들 수 있다. 비밀상자에 손을 넣어 감촉만으로 어떤 물건인지 알아맞히거나 특별한 감각을 가진 물건을 집에서 가지고 와서 이야기를 만들어 발표한다. 또한 물건의 촉감을 감정으로 연결하여 미술이나 음악으로 표현해 볼 수도 있으며, 물건의 감정을 느끼고 퍼포먼스로 나타내 볼 수도 있다. 또한 코와 혀를 깨우기 위해 요리활동 후에 향과 맛을 색으로 표현해 본다든가 요리활동에 앞서 각각의 식재료의 향을 맡아봄으로써 주의집중에 의한 감각활동을 해 볼 수 있다.

> ⌐ **주의집중에 의한 감각활동의 예** ¬
>
> 식물에서 자연 발생하는 리날로올은 스트레스를 줄여 주는 효과가 있다. 이처럼 후각에 집중함으로써 내적 교육을 실시할 수 있다. 아로마세러피도 후각을 이용한 치료법 중의 하나라고 볼 수 있다.
>
> 유아들과 함께 산책활동을 하며 꽃이나 식물의 냄새를 맡는다. 후각에 집중하기 위해서는 다른 감각을 차단하는 것이 필요하므로 눈을 감는 것이 좋다. 레몬 향이나 망고 향, 라벤더 향은 스트레스를 크게 줄여 주므로 영유아들이 스트레스를 많이 느끼는 학기 초에 사용하면 좋다.

(3) 시각화 훈련

시각화(imagination) 훈련은 상상의 장소에 자신이 있다고 상상하면서 구체적인 냄새나 날씨, 옷차림, 바람, 소리 등을 상상하는 것이다. 시각화 훈련을 통하여 친밀과 관용, 기쁨을 느낄 수 있는 심리적 바탕을 마련할 수 있다.

이 훈련 방법은 날마다 다른 곳을 상상하기보다는 자신이 좋아하는 상상의 장소를 마련해 놓고 마음속으로 그곳을 방문하는 것이다. 음악을 틀어 놓고 해도 좋다. 유아들에게 훈련 도중에 다른 생각이 날 수도 있으나, 자꾸 연습하다 보면 시각화 훈련에 집중할 수 있다고 알려 준다.

(4) 신체활동

영유아기에 신체활동은 매우 중요하다. 그러나 차로 움직이거나 컴퓨터를 많이 사용하다 보면 신체활동을 하기 어려워진다. 몸을 많이 움직이고 운동을 하면 기분이 좋아지고 활력이 생긴다. 규칙적인 운동은 스트레스를 줄여 주고 정신건강을 향상시킴으로써 유아로 하여금 기쁨과 활력을 느끼고 타인과 친밀한 관계를 유지하도록 도와준다.

어린이집이나 유치원에서 산책을 하는 것, 몸을 움직이는 신체활동을 규칙적으로 하는 것과 같은 적당한 운동은 영유아로 하여금 자신감을 갖게 하고 긍정적인 태도를 갖게 하여 영성지향 사랑교육의 효과를 높일 것이다.

2) 외적 교육 방법

유아기는 또래와의 관계를 통해 자신의 감정을 통제하기도 하고, 타인의 감정을 인식하거나 조절하는 시기다. 영성지향 사랑교육에 있어서 타인과 관계를 맺는 것은 무엇보다 중요하다. 놀이와 예술활동을 통해서 타인과 관계를 맺고 친밀과 관용, 기쁨을 느껴 나갈 수 있다.

(1) 놀이

유아기의 삶은 놀이다. 즉, 유아기의 삶 자체가 놀이로 이루어져 있다. 놀이를 통해서 또래와 관계를 맺고, 마음을 공유할 수 있으며, 다른 사람의 감정도 이해할 수 있다.

영성지향 사랑교육에서 사랑의 개념을 이해하는 데도 놀이가 중요한 역할을 한다. '조각가' 놀이를 예로 들면, 어떤 유아들은 조각가 역할을, 어떤 유아들은 점토 역할을 맡게 된다. 조각가가 된 유아는 점토가 된 유아를 본인이 원하는 형태로 만든다. 예를 들면, 두 팔을 머리 위로 올리거나 한쪽 다리를 비스듬히 움직이게 하기도 한다. 이런 놀이를 통해 자신의 마음을 친구에게 전해 보는 기회를 가질 수 있으며, 친구를 소중히 여기는 것이 사랑이라는 것을 알게 된다.

또한 '사랑 나누기 체조' 놀이를 통해 또래와 함께 체조를 하고, 어깨를 두드려 주거나 주물러 주며 기쁨을 느끼는 것도 사랑이라는 것을 알게 된다. 이처럼 놀이를 통해 협력하고 배려하다 보면 자기와 타인을 인식하게 되어 또래와의 긍정적인 유대감이 형성된다.

(2) 예술활동

유아의 예술성과 창조성은 자신의 영성에 대한 외적 표현이다. 이러한 예술성과 창조성은 개별 유아가 가지는 독특한 속성으로서, 보호받고 육성되어야 하며, 획일적으로 강요되어서는 안 된다(김영주, 김민서, 2012). 영성지향 사랑교육 활동으로 그림책을 보고 동극활동을 하거나 미술 작품을 만드는 창의적 놀이활동을 제안할 수 있다. 『검피 아저씨의 뱃놀이』 그림책을 보고 동극활동을 해 봄으로써 약속을 지키지 못했을 때 다른 사람이 느끼는 감정을 인식할 수 있고, 용서를 해 준 검피 아저씨를 객관적인 눈으로 보며 관용도 사랑이라는 것을 알게 된다.

또 『강아지똥』 그림책을 보고 쓸모없는 것도 잘 활용하면 좋은 재료가 된다는 것을 인식할 수 있다. 주변에 버려지는 재활용품으로 만들 수 있는 것에 대해 이야기를 나눈 후 유아들이 친구에게 선물하고 싶은 것을 만들어 보자고 했을 때 유아들은 자동차를 만들었다. 이는 자기와 타인을 인식할 수 있는 창조적인 예술활동이라 할 수 있다.

3) 공동체 교육 방법

협동활동과 환경에 대한 의식은 공동체 교육 방법으로 적당하다. 협동활동은 유아에게 공동체 안에서 자신을 발견하고, 그 안에서 살아가는 방법을 일깨워 주는 것이다. 환경에 대한 의식은 유아에게 자연 안에서 자신을 발견하고, 자연의 경이로움과 신비감을 느낌으로써 자연의 섭리를 깨닫게 하는 것이다(김영주, 김민서, 2012).

(1) 협동활동

영성은 관계성이다. 유아는 가족, 친구, 교사 및 지역사회 구성원들과 관계를 맺으며 살아간다. 협동활동은 유아가 자기지각을 통해 협동하는 마음을 길러 공동체 의식을 갖도록 하고, 개인의 긍정적인 정체성을 확립하며, 자신이 속한 사회와 협력적인 관계를 유지하도록 하는 데 초점을 둔다(김영주, 김민서, 2012).

영성지향 사랑교육에 적합한 협동활동으로 '우리 동네 지도'가 있다. 이 활동에서는 협동활동을 통해 우리 동네 지도를 만든다. 먼저 유치원/어린이집 주변을 탐색을 하여 어떠한 건물이 있는지, 주변 환경은 어떤지 알아보고, 그림을 그리거나 사진을 찍는다. 그리고 활동실에 와서 친구들과 무엇을 보았는지 이야기를 나누고 그림이나 사진을 공유한다. 그런 다음 유치원/어린이집 주변에 대해 팀을 나누어 지도를 그린다. 이와 같은 친구의 친밀한 공동작업을 통해 하나의 지도를 완성해 보는 경험이 또래와의 친밀감을 상승시킬 수 있고, 이러한 친밀감도 사랑임을 알 수 있다.

또 다른 예로는 '둘이서 한마음' 활동이 있다. 친구와 둘이서 짝이 되어 각자가 원하는 사인펜을 고른다. 이때 사인펜의 색은 짝지와 달라야 한다. 사인펜이 준비되면 종이에 그림을 한 번씩 번갈아 가며 그린다. 서로의 그림을 잘 보고 하나의 작품으로 만들어야 하는데 서로 무엇을 그리는지 말을 하지 않는 것이 규칙이다. 더 이상 그리고 싶지 않을 때는 사인펜 뚜껑을 닫는데, 상대편이 뚜껑을 닫으면 나머지 친구도 뚜껑을 닫아야 한다. 이러한 협동활동을 통해 유아가 자신을 둘러싼 관계를 긍정적으로 지각하고 영향을 주고받음으로써 영성발달의 기초를 이룰 수 있다.

(2) 환경에 대한 의식

유아에게 자연을 보고 느끼게 하면, 그들의 영성은 자연스럽게 성장한다. 환경과 생명체를 통해서 사랑을 느끼고, 그것이 다시 인류애로 발전하기 때문이다 (김영주, 김민서, 2012).

영성지향 사랑교육에서 환경에 대한 의식과 관련된 활동의 예로는 '깨끗한 물 만들기'가 있다. 이 활동에서는 더러운 물을 깨끗하게 만드는 과정에서 물을 마음에 비유해 본다. '더러운 물이 내 마음이라면 어떨 때 내 마음이 이렇게 탁한지' 인식하도록 한다. 이 활동을 통해서 유아들은 화나고 속상하거나 거짓말했을 때의 마음을 탁한 물에 비유했다. 또 깨끗한 물은 기쁜 마음, 용서했을 때의 마음, 친구를 도와주었을 때의 마음이라고 비유했다. 마지막으로 탁한 마음을 깨끗한 물처럼 만들기 위해서는 어떻게 하면 좋을지에 대해 이야기를 나누었을 때 용서를 하거나 기쁜 생각을 하면 된다고 했다. 이러한 과학적 실험을 통해 유아 스스로가 화나고 속상했던 마음이 용서를 통해 안정적으로 변화할 수 있다는 것을 느끼고 자연에 대한 감정이입을 할 수 있도록 돕는 영성지향 사랑교육을 할 수 있다.

이 외에도 유치원(어린이집)에서 산책활동 시 자신의 나무를 정하여 안아 주며 "나무야, 사랑해. 잘 있었니?"라고 인사를 나누거나 비 온 뒤 청진기를 나무에 대고 물 흐르는 소리를 들어 보는 활동을 통해 식물도 생명체임을 인식하게 한다. 또한 나뭇잎, 꽃 등 자연물을 이용한 활동을 통해 환경에 대해 의식하도록 할 수 있다. 이러한 활동을 진행하면서 너무 많이 나뭇잎을 따거나 꽃을 꺾음으로써 자연을 훼손하지 말아야 한다는 것을 기억하도록 해야 한다.

교사를 위한 사랑증진 방법

- 누군가가 나를 칭찬하면, 어색해하거나 주저하지 말고 "고맙다."라고 말하며 칭찬을 받아들인다.
- 사랑하는 사람에게 나의 애정을 표현하는 간단한 메모를 적는다. 그리고 그것을 볼 수 있는 곳에 놓아 둔다.
- 가장 친한 친구를 위해 그가 정말 좋아할 수 있는 어떤 일을 해 본다.
- 사랑하는 사람에게 어떠한 일이든지 언어적 또는 비언어적으로 표현함으로써 무조건적인 사랑을 경험해 보도록 한다.
- 포옹이나 키스와 같은 신체적 동작을 통해 사랑을 표현해 본다.
- 사랑하는 사람의 행동보다는 내재된 동기에 집중한다.
- 사랑하는 사람의 강점을 찾아내어 높이 평가해 준다.
- 나와 연인의 강점을 모두 축하해 주는 데이트 약속을 잡는다.
- 선물을 통해 사랑을 표현해 본다. 가능하다면 선물을 직접 만들어 본다.
- 서로에게 중요한 날이나 일이 있으면 항상 축하해 준다.
- 시나 그림, 사진과 같은 창의적인 방식으로 사랑을 표현한다.
- 사랑하는 사람의 자기 계발 계획(체중 감량, 운동, 경력 쌓기 등)을 돕는다.
- 나에게 중요한 사람들을 초대하여 저녁 식사를 대접할 계획을 세운다.
- 하루를 어떻게 지냈는지 서로 이야기한다.
- 사랑하는 사람과 콘서트, 연극, 영화를 보러 가거나 취미활동을 함께한다.

출처: Rashid & Anjum (2005).

4. 영성지향 사랑교육에서의 교사역할

영유아들의 영성에 가장 많은 영향을 주는 요소 중 하나는 교사의 영성이다 (한영란, 2004; Miller, 2000). 지금까지 유아교육 및 보육에서 교사 교육은 교수

기술이나 방법에 초점을 맞추어 왔다(박성혜, 2012). 그 결과 유아교육에서 교사는 단지 지식을 전달하는 통로이며 수단으로 여겨져 왔다.

그러나 영성지향 유아교육을 실행하기 위해서는 교수 기술이나 방법보다는 교사 자신의 영적 성숙이 필요하다. 영성지향 유아교육에서 교사는 유아를 인지적인 측면에서뿐만 아니라 정서적, 사회적, 도덕적, 영적인 측면에서 파악하고 성장하도록 도울 수 있어야 한다.

1) 교사가 먼저 영성지향적 사랑의 개념에 대해 이해하기

유아를 위한 영성지향 사랑교육을 계획하고 수립하기 위해서는 교사가 먼저 영성과 사랑에 대해 이해하고 있어야 한다. 영성지향적 사랑은 앞서 서술한 것과 같이 교사가 아동에 대한 사랑을 포기하지 않는 것이다. 이는 교사 자신이 가지고 있는 영성과 사랑에 대한 개념에 따라 유아의 영성지향 사랑교육에 차이가 있기 때문이다.

예를 들어, 공격적인 유아가 있을 경우 교사는 반 운영에 상당한 어려움을 느낀다. 장난감을 빼앗거나 자신이 가지고 노는 장난감을 부서지게 했을 경우 깨물거나 때리는 등의 행동 때문에 다른 학부모에게 항의전화도 받을 것이다. 그러나 이러한 유아의 공격적인 행동은 사랑을 받기 위해 관심을 끌려는 행동의 하나인 경우가 종종 있다. 그러므로 무조건 훈육을 하는 것이 아니라 유아의 감정을 읽어 주고 친구에게 가졌던 부정적인 마음을 그림으로 그리게 하거나 신문지 찢기 활동 등을 함으로써 해소시킬 수 있다. 또한 친구에게 가졌던 자신의 감정을 말로 표현할 수 있도록 교사가 유아를 포기하지 않고 지속적으로 지도하고 격려하는 것이 중요하다. 그 결과 유아는 교사에게 안정감을 느끼며 내면의 변화가 찾아오고 사랑이 충만해질 것이다.

2) 영성지향 사랑에 관한 모델 되기

교사의 영성이라는 존재적 속성은 아동들에게 참된 삶의 모습에 대한 본보기를 보여 주는 교육 실천을 가능하게 한다(고병헌, 1998: 257; 한명희, 2007: 62; 한영란, 2004: 220; Palmer, 2006; Miller, 2000). 예를 들어 산책길에 만나는 작은 곤충과 식물들을 소중히 여기는 모습을 통해 유아들은 생명의 소중함을 배울 것이며, 영성지향적 사랑의 개념도 자연스레 획득할 것이다. 또한 자유선택 활동시간에 친구와 함께 물건을 정리하는 모습, 친구에게 물건을 빌려 주거나 속상해서 우는 친구를 달래 주는 모습 등을 교사가 민감하게 관찰하여 격려한다면 선을 위한 이타심이 개발될 것이다. 이렇듯 일과 중 수시로 일어나는 교사의 영성지향 사랑의 모델은 유아기의 영성지향적 사랑에 큰 영향을 미칠 것이다.

3) 유기적 사랑과 통합된 교육활동 제공하기

만 5세 누리과정에는 신체운동 · 건강, 의사소통, 사회관계, 예술경험, 자연탐구의 총 다섯 가지 영역이 있다. 유치원/어린이집 하루 활동 시에는 이 다섯 가지 영역이 통합된 교육활동을 제공한다. 예를 들어 '사랑의 화채' 활동은 먼저 유아들에게 『고사리손 요리책』 동화책을 들려주는 것으로 시작한다. 화채를 먹어 본 경험 말하기, 화채를 만들어 누구에게 대접할 것인지 의논해 보기 등이 누리과정 의사소통 영역에 해당된다. 그다음에는 요리를 하기 전 손을 씻거나 주변을 정리하게 되는데, 이는 신체운동 · 건강 영역에 해당된다. 화채를 만드는 동안 여러 가지 주방도구를 사용하는 것은 자연탐구 영역에 해당되며, 화채 요리에 필요한 재료의 색, 질감, 모양 등을 탐색하면서 예술경험도 할 수 있다. 마지막으로 완성된 화채 요리를 대접해 보는 경험은 사회관계 영역에 해당된다. '사랑의 화채' 활동을 통해 누리과정 다섯 가지 영역을 통합하는 동시에 요리를 대접하면서 기쁨을 느껴 보는 영성지향적 사랑교육의 경험은 진정한 내면에서 우러나오는 학습이며, 통합적 교육활동이라 할 수 있다.

4) 사랑의 공동체 구성하기

Steiner(1996)의 말을 빌리면 사랑의 공동체는 단순히 사랑스러운 분위기를 지닌 공동체라기보다는 교수학습이 요구하는 힘들고 어려운 일을 같이 감당할 수 있는 공간이며(Palmer, 2006), 조용히 묵상이나 침묵의 시간을 가질 수 있는 지성소(sanctuary)이고 (한명희, 2007: 62), 인격적인 관계를 통해 참된 대화가 가능한 공간(King, 2007)이며, 친구 및 이웃과의 관계 속에서 자신을 충분히 깨달음으로써 자신이 모르고 있던 내면의 혼란과 한계를 발견하고 이를 없앨 수 있도록 도와주는 공간(Krishnamurti, 2007: 87)이다. 예를 들어, 소집단 활동으로 교실 규칙에 대해서 의논을 한다거나 하나의 주제로 조사활동을 할 때 의견이 달라도 현명하게 문제해결을 할 수 있으며 또한 교사가 계획한 활동에 유아가 흥미를 보이지 않으면 융통성 있게 활동을 바꾸는 것도 사랑의 공동체를 형성하는 경험을 하는 것이다. 교사는 유아가 보내는 내면의 언어에 귀를 기울이고 진실하게 말하고 주의 깊게 들음으로써 사랑의 공동체를 구성해야 한다.

5. 영성지향 사랑교육의 효과

영성지향 사랑교육 활동이 유아에게 미치는 효과에 대한 연구는 찾아보기 어렵다. 그러나 영성지향 사랑교육 활동과 관련된 자아존중감이나 정서지능에 관한 연구, 용서, 나눔, 배려, 친사회적 행동, 협동, 기부, 봉사, 공동체 의식에 관한 연구들을 통하여 영성지향 사랑교육의 효과를 간접적으로 알아볼 수 있다. Ediger(1998)와 Spaide(1995)는 타인을 돕는 행동과 자선 행동을 가르치는 것이 아동과 청소년들이 자아존중감과 권능감을 갖게 한다고 하였다. 또한 학자들은 친절, 연민, 존경, 책임감, 복지와 같은 나눔과 밀접한 가치들을 가정에서 가르쳐야 한다고 주장하였다.

청소년이나 아동을 대상으로 한 영화를 활용한 용서교육 활동과 나눔교육 활동의 적용과 효과에 대해 알아본 연구를 살펴보면 다음과 같다. 이은경(2010)은 영화를 활용한 용서교육 활동을 통하여 진정한 용서를 배우고 자기 스스로를 좀 더 솔직하게 바라볼 수 있게 되므로 자신의 진실한 마음을 찾아서 성장시키는 결과를 나타냈기 때문에 자아존중감을 향상시켰다고 하였다. 또한 Mauger (1992)는 부정적인 자아존중감, 우울, 불안 등의 정신병리의 심화와 관계가 있고, 용서를 하는 것만이 아니라 용서를 받는 것도 개인의 자아존중감에 영향을 미친다고 하였다.

김성숙(2003)은 가정의 심리적 환경인 가족의 친밀한 애정, 부모의 배려가 심리적 안정으로 연결되어 아동의 자기효능감에 영향을 준다고 하였다. 이는 가족관계를 통해 아동이 영성 관련 심리적 요인에 영향을 받음을 알 수 있다. 이경은(2007)은 아동의 친사회적 행동 향상을 위한 나눔교육 활동의 적용 및 유아를 검증한 연구에서 교육활동에 참가한 이후 친사회적 행동의 도와주기, 공감하기, 보호하기, 협동하기 영역에서 더 큰 효과를 가진다는 것을 밝혔다. 나눔교육 활동이 아동들에게 타인에 대한 배려와 성숙한 시민으로서의 성장을 돕는 데 효과적일 것이라고 하였다. 이 연구를 통해 친구와의 관계가 효과가 있음을 알 수 있다. Bentley와 Nissan(1996)의 연구에서는 나눔행동을 기부하기(giving)와 봉사하기(serving)로 정의하였다. 친사회적 행동과 관련된 심리학의 연구에서는 기부하기를 관용(generosity)이라고 정의한다. 나눔교육은 김정신(2001)의 사랑의 하위영역인 관용과 의미가 상통한다. Bentley와 Nissan(1996)의 연구를 통해서 도와주고 협동하기를 통한 만족감 체험이 기쁨으로 나타나 자기효능감에 긍정적인 효과를 가질 수 있음을 추측할 수 있다. 박미정, 송연숙, 김영주(2010)는 친구 간의 사랑 나누기 교육활동을 통해 친구를 이해하는 데 도움이 되었으며, 친구의 장점을 발견하고 칭찬해 주는 활동의 생활화로 친구 간의 바람직한 관계 개선에 도움이 되었다고 한다. 친구의 장점을 발견하고 칭찬해 주는 활동은 김정신(2001)의 사랑의 하위영역인 친밀영역의 우정을 통한 친밀감 신장과 기쁨영역의 우정을 통한 기쁨 감지와 상통하며, 이러한 활동을 통해 미래에 더 좋은 결과를 얻기 위해 일시적 충동에 의하거나 즉각적인 만족을 자제하고 인내하는 능력(김윤경, 2006; 이경님, 2000)인 자기조절력의 하위영역인 자기통제를 잘 할 수 있을 것이다. 이상의 연구를 종합하여 볼 때 가족이나 또래와의 관계를 통하여 사랑과 관련된 심리적 역량이 증진되는 것을 알 수 있다.

공동체를 위한 봉사활동도 영성교육 활동 중 하나다. 조연숙(2007)은 연구에서 초등학생들에게 영성교육을 통해 전보다 더 봉사활동에 보람을 느끼고 적극적으로 참여함으로써 내재되어 있는 봉사심을 함양시키는 데 긍정적인 영향을 주었다고 결론지었다. 영성교육이 서로 돕고 자연이나 이웃과의 상호관련성을 깨닫게 하여 공동체 의식을 길러 줄 수 있다는 점에서 학교교육에서의 영성교육을 강조하였다.

자연을 활용한 유아교육 활동도 중요한 영성교육 활동이다. 정희숙(2006)은 창조영성 교육활동이 유아의 자연 친교성에 많은 영향을 미친다고 하였다. 특히 유아들은 자연과의 친교적인 우정관계는 나만의 문제가 아니라 우주적인 문제로, 서로 관계성을 유지하면서 삶을 살아가고 자연과 더불어 하나 되는 모습을 깨달을 수 있었다. 여기서 친교는 서로 사랑을 주고받는 자연과의 우정을 의미하며 이러한 영성교육은 김정신(2001)의 사랑의 하위영역인 친밀영역과 뜻을 같이한다고 볼 수 있다.

따라서 영성지향 사랑의 하위영역인 친밀, 관용, 기쁨과 유사한 용서교육 활동과 나눔교육 활동, 봉사활동, 공동체 활동, 자연과 접하는 활동 등이 자기존중감이나 친사회적 행동에 긍정적인 효과를 미치는 것을 알 수 있으며, 이를 통하여 영성지향 사랑교육의 효과를 간접적으로 입증할 수 있다.

Chapter

영성지향 사랑교육의
유아교육적 적용

1. 영성지향 사랑교육 활동 계획하기
2. 누리과정에 나타난 영성지향 사랑교육

1. 영성지향 사랑교육 활동 계획하기

1) 영성지향 사랑교육과 누리과정의 영역별 목표 통합하기

영성지향 사랑교육의 목적과 목표는 프로그램의 방향을 설정하는 것으로 가장 핵심적인 것이라고 할 수 있다. 영성지향 사랑교육의 목적은 앞에서 기술한 바와 같다. 유아가 가정에서는 부모와 자녀, 형제 간의 관계, 교육기관에서는 교사와 친구, 친구와 친구 간의 관계, 공동체에서는 인간과 자연과의 관계가 사랑을 이루는 요소가 됨을 인식하고, 나아가 나와 가족, 이웃, 사회 속 공동체, 자연

‖ 표 2-1 ‖ 영성지향 사랑교육과 누리과정 관련 요소의 예

누리과정 생활주제	동식물과 자연		
활동명	무지개꽃이 피었어요	대상연령	만 5세
영성	기쁨 – 자선을 통한 만족감 체험		
활동목표	1. 눈과 손을 협응하여 소근육을 조절해 '무지개꽃이 피었어요' 활동을 한다. 2. 그림책을 보고 자선을 통한 만족감에 대하여 이야기를 나눈다. 3. '무지개꽃이 피었어요' 활동을 통해 다른 사람의 감정을 알고 공감한다. 4. '무지개꽃이 피었어요' 활동을 통해 자선을 통한 만족감에 대한 자신의 생각과 느낌을 표현한다. 5. '무지개꽃이 피었어요' 활동을 통해 생명체를 소중히 여기는 마음을 갖는다.		
누리과정 관련 요소	1. 신체운동 · 건강 〉 신체 조절과 기본 운동하기 〉 신체 조절하기 〉 눈과 손을 협응하여 소근육을 조절해 본다. 2. 의사소통 〉 말하기 〉 느낌, 생각, 경험 말하기 〉 주제를 정하여 함께 이야기를 나눈다. 3. 사회관계 〉 나와 다른 사람의 감정 알고 조절하기 〉 나와 다른 사람의 감정 알고 표현하기 〉 다른 사람의 감정을 알고 공감한다. 4. 예술경험 〉 예술적 표현하기 〉 미술활동으로 표현하기 〉 다양한 미술활동으로 자신의 생각과 느낌을 표현한다. 5. 자연탐구 〉 과학적 탐구하기 〉 생명체와 자연환경 알아보기 〉 생명체를 소중히 여기는 마음을 갖는다.		

과의 상호관계성을 인식하며 사랑을 추구하는 삶을 살도록 돕는 것이다(김영주, 김민서, 2012).

영성지향 사랑교육을 특별한 날 특별한 주제로 하는 것이 아니라 현재 진행하고 있는 누리과정이나 어린이집 누리과정 속에 녹여 진행하는 것이다. 예를 들어 사랑영역을 친밀, 관용, 기쁨이라는 하위영역으로 나누고 기쁨의 하위영역에서 자선을 통한 만족감 체험을 설정할 수 있다. 이 자선을 통한 만족감 체험을 누리과정과 연결시키면 〈표 2-1〉과 같다.

2) 영성지향 사랑교육의 내용 선정 및 조직

영성지향 사랑교육의 내용을 기존의 유아교육 이론을 바탕으로 제시해 본다면 다음과 같다. 먼저 영성지향 사랑교육의 내용은 지식, 가치, 기능으로 분류될 수 있다(공인숙, 한미현, 김영주, 2005). 예를 들어, 유아가 사랑의 개념을 이해하도록 돕기 위해 먼저 김정신(2001)이 말하는 영성지향 사랑교육의 일반적인 영역인 친밀, 관용, 기쁨과 관련된 동화를 들려주며 사랑에 대한 지식을 전달한다. 그리고 나서 유아로 하여금 사랑을 어떻게 감각적으로 느끼도록 할 것인지 생각해 본다. 사랑한다는 말을 했을 때 청진기를 통해 심장박동 수의 변화를 느낀다거나, 화가 난 내 마음과 용서했을 때의 마음을 색으로 표현하는 활동을 통해 유아는 사랑을 유지하는 방법이나 자신의 감정을 조절하는 방법을 익힐 수 있다.

프로그램의 내용을 선정할 때 고려해야 할 것은 이 내용이 통합적으로 감각적인 활동을 이끌어 낼 수 있는 내용인가 하는 점이다. 다시 말하면 유아를 위한 감각적 활동이 가능한 내용인지, 또한 생활주제로 통합될 수 있는 내용인지를 고려해야 한다.

영성지향 사랑교육이 보다 지속적으로 이루어지기 위해서는 주제와 접목해서 이루어져야 하므로 유아교육 현장에서 생활주제에 따라 영성지향 사랑교육을 어떻게 계획할 수 있을지 〈표 2-2〉에 제시하였다.

▌표 2-2 ▌ 누리과정 생활주제와 영성지향 사랑교육 활동 계획의 내용 및 주요 목표

누리과정 생활주제	활동명	그림책 제목	영성지향 사랑교육 활동		주요 목표
			일반 영역	하위 영역	누리과정 관련 요소
유치원/ 어린이집 과 친구	함께해서 좋아요	둘이서 둘이서	친밀	사랑의 개념 이해	'조각가 놀이'를 통하여 친구와 도움을 주고받고, 서로 협력하면서 사랑의 개념을 이해한다.
					사회관계 > 다른 사람과 더불어 생활하기 > 공동체에서 화목하게 지내기 > 다른 사람과 도움을 주고받고, 서로 협력한다.
	소중한 친구	고흐 (꼬마 미술가 1)	친밀	모든 사람 사랑하기	'소중한 친구' 활동을 통해 자신의 생각과 느낌을 그림으로 표현한다.
					예술경험 > 예술적 표현하기 > 미술활동으로 표현하기 > 다양한 미술활동으로 자신의 생각과 느낌을 표현한다.
	둘이서 한마음	앤서니 브라운의 행복한 미술관	친밀	친밀한 공동작업 수행	'둘이서 한마음' 활동으로 자신의 생각과 느낌을 표현한다.
					사회관계 > 다른 사람과 더불어 생활하기 > 친구와 사이 좋게 지내기 > 친구와 협동하며 놀이한다.
나와 가족	사랑의 선물	피터의 의자	친밀	사랑의 개념 이해	'사랑의 선물' 활동을 통해 동생의 소중함을 안다.
					사회관계 > 가족을 소중히 여기기 > 가족과 화목하게 지내기 > 가족의 의미와 소중함을 안다.
	내 마음의 색	오늘도 화났어!	관용	관대함의 체험	'내 마음의 색' 활동을 통해 관대함을 체험하고 가족과 화목하게 지내는 방법을 안다.
					사회관계 > 가족을 소중히 여기기 > 가족과 화목하게 지내기 > 가족과 화목하게 지낸다.
	사랑해요 부모님	돼지책	관용	자기 실수에 대한 좌절감 배제	『돼지책』을 보고 가족은 서로 도와야 함을 알고 실천한다.
					사회관계 > 가족을 소중히 여기기 > 가족과 협력하기 > 가족은 서로 도와야 함을 알고 실천한다.
	얄미운 마음을 날려라	얄미운 내 동생	관용	관대함의 체험	'얄미운 마음을 날려라' 활동을 통해 자신의 감정을 알고 표현한다.
					사회관계 > 나와 다른 사람의 감정 알고 조절하기 > 나와 다른 사람의 감정 알고 표현하기 > 자신의 감정을 알고 표현한다.
우리 동네	우리 동네 지도	로지의 산책	친밀	친밀한 공동작업 수행	친구와 협동하며 우리 동네 지도를 그린다.
					사회관계 > 다른 사람과 더불어 생활하기 > 친구와 사이 좋게 지내기 > 친구와 협동하며 놀이한다.

〈계속〉

| 누리과정 생활주제 | 활동명 | 그림책 제목 | 영성지향 사랑교육 활동 | | 주요 목표 |
			일반 영역	하위 영역	누리과정 관련 요소
동식물과 자연	나도 쓸모 있어요	강아지똥	관용	타인에 대한 관용 및 수용	『강아지똥』을 보고 타인에 대한 관용 및 수용을 이해한다.
					의사소통 > 듣기 > 동요, 동시, 동화 듣고 이해하기 > 동요, 동시, 동화를 다양한 방법으로 듣고 이해한다.
	무지개꽃이 피었어요	무지개꽃이 피었어요	기쁨	자선을 통한 만족감 체험	'무지개꽃이 피었어요' 활동을 통해 생명체를 소중히 여기는 마음을 갖는다.
					예술경험 > 예술적 표현하기 > 미술활동으로 표현하기 > 다양한 미술활동으로 자신의 생각과 느낌을 표현한다.
건강과 안전	신문지 공	축구 선수 윌리	기쁨	타인과 함께 즐기기	'신문지 공' 활동에 자발적이고 지속적으로 참여한다.
					신체운동·건강 > 신체활동에 참여하기 > 자발적으로 신체활동에 참여하기 > 신체활동에 자발적이고 지속적으로 참여한다.
	사랑 나누기 체조	우리는 친구	기쁨	우정을 통한 기쁨 감지	친구와 협동하며 '사랑 나누기 체조'를 즐긴다.
					신체운동·건강 > 신체활동에 참여하기 > 자발적으로 신체활동에 참여하기 > 신체활동에 자발적이고 지속적으로 참여한다.
생활 도구	어둠을 밝히는 빛	앗, 깜깜해	친밀	우정을 통한 친밀감 신장	친구와 협동하며 초에 불을 붙여 본다.
					자연탐구 > 탐구하는 태도 기르기 > 호기심을 유지하고 확장하기 > 주변 사물과 자연세계에 대해 지속적으로 호기심을 갖고 알고자 한다.
	두근두근	사랑해 사랑해 사랑해	기쁨	일상생활에서의 즐거움 발견	'두근두근' 활동을 통해 나와 다른 사람의 출생과 성장에 대해 안다.
					자연탐구 > 과학적 탐구하기 > 생명체와 자연환경 알아보기 > 생명체를 소중히 여기는 마음을 갖는다.
교통 기관	다른 사람을 생각할 수 있어요	검피 아저씨의 뱃놀이	관용	타인에 대한 관용 및 수용	용서에 대한 자신의 생각을 적절한 문장으로 말한다.
					의사소통 > 말하기 > 느낌, 생각, 경험 말하기 > 자신의 느낌, 생각, 경험을 적절한 낱말과 문장으로 말한다.
우리 나라	맛있는 김치	김치는 영어로 해도 김치	기쁨	타인과 함께 즐기기	김치를 담그며 우리나라의 전통, 역사, 문화에 관심을 갖는다.
					사회관계 > 사회에 관심 갖기 > 우리나라에 관심 갖고 이해하기 > 우리나라의 전통, 역사, 문화에 관심을 갖는다.
세계 여러 나라	주인을 찾아요	우리 개를 찾아 주세요	친밀	선을 위한 이타심 개발	'주인을 찾아요' 활동을 통해 선을 위한 이타심을 개발하고 세계 여러 나라의 문화에 관심을 가진다.
					사회관계 > 사회에 관심 갖기 > 세계와 여러 문화에 관심 가지기 > 세계 여러 나라에 대해 관심을 갖고, 서로 협력해야 함을 안다.

〈계속〉

누리과정 생활주제	활동명	그림책 제목	영성지향 사랑교육 활동		주요 목표
			일반 영역	하위 영역	누리과정 관련 요소
환경과 생활	깨끗한 물 만들기	반짝반짝 반디각시	친밀	자연에 대한 감정이입의 개발	'깨끗한 물 만들기' 실험을 통해 물의 특성과 변화를 알아 본다.
					자연탐구 > 과학적 탐구하기 > 자연현상 알아보기 > 돌, 물, 흙 등 자연물의 특성과 변화를 알아본다.
	사랑은 용서할 수 있어요	돌멩이도 춤을 추어요	관용	자기 실수에 대한 좌절감 배제	'사랑은 용서할 수 있어요' 활동을 통해 돌의 특성과 변화 를 알아본다.
					자연탐구 > 과학적 탐구하기 > 자연현상 알아보기 > 돌, 물, 흙 등 자연물의 특성과 변화를 알아본다.
봄 · 여름 · 가을 · 겨울	미안해! 친구야	까마귀 소년	관용	자기 실수에 대한 좌절감 배제	'미안해! 친구야' 활동을 통해 친구와의 갈등을 긍정적인 방법으로 해결한다.
					사회관계 > 다른 사람과 더불어 생활하기 > 친구와 사이좋 게 지내기 > 친구와의 갈등을 긍정적인 방법으로 해결한다.
	화난 마음 날려 보내기	지각대장 존	관용	타인에 대한 관용 및 수용	종이비행기에 타인에 대한 관용 및 수용에 관한 자신의 생 각을 표현한다.
					예술경험 > 예술적 표현하기 > 미술활동으로 표현하기 > 다양한 미술활동으로 자신의 생각과 느낌을 표현한다.
	사랑의 화채	고사리손 요리책	기쁨	일상생활에 서의 즐거움 발견	화채를 대접해 보는 활동을 통해 즐거움을 느낀다.
					사회관계 > 다른 사람과 더불어 생활하기 > 사회적 가치 를 알고 지키기 > 다른 사람을 배려하여 행동한다.
	나누면 행복해요	아낌없이 주는 나무	기쁨	일상생활에 서의 즐거움 발견	'아나바다' 활동 시 다른 사람과 도움을 주고받으며 자선 을 통한 만족감을 체험한다.
					사회관계 > 다른 사람과 더불어 생활하기 > 공동체에서 화목하게 지내기 > 다른 사람과 도움을 주고받고, 서로 협 력한다.
	크리스마스 선물	순록의 크리스마스	기쁨	새로운 것을 창조하는 만 족과 기쁨을 통한 영적인 삶의 육성	'크리스마스 선물' 활동 시 다양한 재료와 도구를 사용한다.
					예술경험 > 예술적 표현하기 > 미술활동으로 표현하기 > 미술활동에 필요한 재료와 도구를 다양하게 사용한다.

3) 영성지향 사랑교육 활동 계획안 구성하기

Tillman과 Hsu(2000)는 영성지향 교육에서는 설명과 토의, 심상화(imagination), 조용하게 있는 훈련, 예술적 표현, 자기발달 활동, 사회적 기술과 사회적 응집력을 위한 기술개발 교육과정 속에서의 가치 통합이 이루어져야 한다고 하였다. 예를 들어, 유아가 사회적 기술을 습득하도록 도울 때 협동활동을 할 수 있는데, 그 방법으로 함께 요리하기, 함께 동극하기, 함께 그리기, 함께 운동하기 등을 활용할 수 있다.

영성지향 사랑교육은 Tillman과 Hsu(2000)가 제시한 방식으로 이루어지는 것이 바람직하다. 가급적 하나의 교육활동에 다양한 방식의 활동이 포함되어야 한다는 뜻이다. 예를 들어, 사랑의 개념을 이해하도록 하려면 먼저 사랑에 대한 이야기 나누기 활동으로 시작하여, 사랑을 예술적으로 표현해 볼 수도 있고, 사랑을 경험하기 위한 게임이나 집단활동을 할 수도 있다. 혹은 영성지향 사랑교육을 시작할 때에는 언제나 명상이나 심상화 등을 활용할 수도 있다.

〈표 2-3〉에 제시하고 있는 영성지향 사랑교육 활동 계획안에는 마음 들여다보기, 호흡 조절을 하며 감정을 이완하고 이입하기, 좋은 마음 공유하기 등의 활동이 계획되어 있다. 바람직한 영성지향 사랑교육 활동은 영성과 관련된 다양한 활동(명상, 산책, 관조, 심상화 등)을 하는 것과 더불어 지식, 가치, 기능을 담아낼 수 있는 것이어야 한다. 이를 고려하여 영성지향 사랑교육 활동 계획안의 예를 제시하였다.

▮표 2-3▮ 영성지향 사랑교육 활동 계획안 예

누리과정 생활주제	동식물과 자연		
활동명	나도 쓸모 있어요	대상연령	만 5세
활동유형	• 이야기 나누기: 대 · 소집단 • 감각적 활동(명상 · 조형 활동): 대 · 소집단		
영성	관용 – 타인에 대한 관용 및 수용		
활동목표	1. 재활용할 수 있는 물건의 차이를 감각으로 구분한다. 2. 『강아지똥』을 보고 타인에 대한 관용 및 수용을 이해한다. 3. '나도 쓸모 있어요' 활동을 통해 나와 다른 사람의 차이를 존중한다. 4. 재활용품을 이용하여 창의적으로 표현하는 과정을 즐긴다. 5. '나도 쓸모 있어요' 활동으로 재활용품을 변화시켜 본다.		
누리과정 관련 요소	1. 신체운동 · 건강 > 신체 인식하기 > 감각능력 기르고 활용하기 > 감각으로 대상이나 사물의 특성과 차이를 구분한다. 2. 의사소통 > 듣기 > 동요, 동시, 동화 듣고 이해하기 > 동요, 동시, 동화를 다양한 방법으로 듣고 이해한다. 3. 사회관계 > 나를 알고 존중하기 > 나를 알고 소중히 여기기 > 나와 다른 사람의 신체적, 사회적, 문화적 차이를 존중한다. 4. 예술경험 > 예술적 표현하기 > 통합적으로 표현하기 > 예술활동에 참여하여 창의적으로 표현하는 과정을 즐긴다. 5. 자연탐구 > 과학적 탐구하기 > 물체와 물질 알아보기 > 물체와 물질을 여러 가지 방법으로 변화시켜 본다.		
활동자료	『강아지똥』 그림책, 명상음악, CD 플레이어, 재활용품		
	활동내용		
활동방법	1. 그림책 『강아지똥』을 본다. • 교사가 그림책을 보여 준다. • 『강아지똥』을 본 후 느낌이나 기억에 남는 장면을 이야기한다. 2. 음악을 들으며 명상을 한다. • 명상 자세로 앉아 숨을 천천히 들이마시고 잠시 멈추었다가 오므린 입술을 통해서 천천히 숨을 내보낸다(호흡 조절을 하며 감정이완과 감정이입 하기). • 음악과 함께 그림책 속으로 들어가 본다. 　　－ 민들레싹을 만나기 전에 강아지똥은 자신을 어떻게 생각했니? 　　－ 민들레싹을 만난 후 강아지똥은 자신을 어떻게 생각하게 되었니? 　　－ 왜 강아지똥은 생각이 바뀌었을까? • 감은 눈을 뜨고 주변에서 보잘것없어 보이지만 쓸모 있는 것들을 찾아본다.		

〈계속〉

	3. 쓸모없는 재활용품으로 다양한 물건을 만들어 본다.
	- 혹시 이 재활용품(병, 상자 등)도 필요하다고 생각하는 친구 있니?
	- 이런 것들로 뭘 해 볼 수 있을까?
	- 네가 만든 자동차를 '강아지똥'처럼 친구에게 선물한다면 친구의 마음은 어떨 것 같니?
	• 쓸모없는 재활용품으로 다양한 물건을 만들어 본 후 느낌을 이야기한다(좋은 마음 공유하기).
	- 쓸모없는 재활용품들이 자동차가 되었을 때 기분이 어땠니?
	- 네가 만든 자동차를 선물 받고 친구가 기뻐할 때 마음이 어땠니?
	4. 명상을 한다(마음 들여다보기).
	- 허리를 곧게 펴고 두 손을 배 위에 올려놓으세요.
	- 두 눈을 감고 마음 속으로 들어가 봅니다.
활동방법	- 쓸모없는 것도 잘 활용하면 소중한 것이 된다는 것을 알게 되었습니다.
	- 강아지똥의 소중함을 알게 되어 마음이 따뜻해졌습니다.
	  **재활용품을 이용하여 무엇을 만들지 의논하기** **재활용품으로 자동차 만들기**
확장활동	'사랑의 주유소 놀이' 쌓기 영역에서 '사랑의 주유소 놀이' 활동을 한다.

2. 누리과정에 나타난 영성지향 사랑교육

1) 친밀

• 함께해서 좋아요

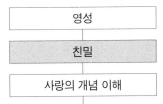

누리과정			
영역	내용범주	내용	세부내용
신체운동 · 건강	신체 인식하기	신체를 인식하고 움직이기	자신의 신체를 긍정적으로 인식하고 움직인다.
의사소통	말하기	느낌, 생각, 경험 말하기	자신의 느낌, 생각, 경험을 적절한 낱말과 문장으로 말한다.
사회관계	다른 사람과 더불어 생활하기	공동체에서 화목하게 지내기	다른 사람과 도움을 주고받고, 서로 협력한다.
예술경험	예술적 표현하기	움직임과 춤으로 표현하기	신체를 이용하여 주변의 움직임을 다양하게 표현하며 즐긴다.
자연탐구	과학적 탐구하기	생명체와 자연환경 알아보기	생명체를 소중히 여기는 마음을 갖는다.

• 소중한 친구

누리과정			
영역	내용범주	내용	세부내용
신체운동 · 건강	신체 인식하기	감각능력 기르고 활용하기	감각으로 대상이나 사물의 특성과 차이를 구분한다.
의사소통	듣기	동요, 동시, 동화 듣고 이해하기	동요, 동시, 동화를 다양한 방법으로 듣고 이해한다.
사회관계	다른 사람과 더불어 생활하기	친구와 사이좋게 지내기	친구와 협동하며 놀이한다.
예술경험	예술적 표현하기	미술활동으로 표현하기	다양한 미술활동으로 자신의 생각과 느낌을 표현한다.
자연탐구	과학적 탐구하기	생명체와 자연환경 알아보기	나와 다른 사람의 출생과 성장에 대해 알아본다.

• 둘이서 한마음

누리과정			
영역	내용범주	내용	세부내용
신체운동 · 건강	신체 조절과 기본 운동하기	신체 조절하기	눈과 손을 협응하여 소근육을 조절해 본다.
의사소통	쓰기	쓰기 도구 사용하기	쓰기 도구의 바른 사용법을 알고 사용한다.
사회관계	다른 사람과 더불어 생활하기	친구와 사이좋게 지내기	친구와 협동하며 놀이한다.
예술경험	예술적 표현하기	미술활동으로 표현하기	다양한 미술활동으로 자신의 생각과 느낌을 표현한다.
자연탐구	탐구하는 태도 기르기	호기심을 유지하고 확장하기	주변 사물과 자연세계에 대해 지속적으로 호기심을 갖고 알고자 한다.

• 사랑의 선물

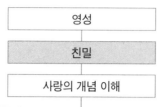

누리과정			
영역	내용범주	내용	세부내용
신체운동 · 건강	안전하게 생활하기	안전하게 놀이하기	놀이기구나 놀잇감, 도구의 바른 사용법을 알고 안전하게 사용한다.
의사소통	쓰기	쓰기에 관심 가지기	말이나 생각을 글로 나타낼 수 있음을 안다.
사회관계	가족을 소중히 여기기	가족과 화목하게 지내기	가족의 의미와 소중함을 안다.
예술경험	예술적 표현하기	미술활동으로 표현하기	미술활동에 필요한 재료와 도구를 다양하게 사용한다.
자연탐구	과학적 탐구하기	간단한 도구와 기계 활용하기	생활 속에서 간단한 도구와 기계를 활용한다.

・•우리 동네 지도

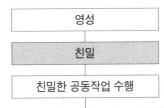

영성
친밀
친밀한 공동작업 수행

누리과정			
영역	내용범주	내용	세부내용
신체운동 · 건강	신체 인식하기	감각능력 기르고 활용하기	여러 감각기관을 협응하여 활용한다.
의사소통	말하기	느낌, 생각, 경험 말하기	자신의 느낌, 생각, 경험을 적절한 낱말과 문장으로 말한다.
사회관계	다른 사람과 더불어 생활하기	친구와 사이좋게 지내기	친구와 협동하며 놀이한다.
예술경험	예술적 표현하기	미술활동으로 표현하기	협동적인 미술활동에 참여하여 즐긴다.
자연탐구	수학적 탐구하기	공간과 도형의 기초개념 알아보기	위치와 방향을 여러 가지 방법으로 나타내 본다.

• 주인을 찾아요

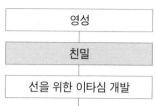

누리과정			
영역	내용범주	내용	세부내용
신체운동 · 건강	신체 인식하기	신체를 인식하고 움직이기	자신의 신체를 긍정적으로 인식하고 움직인다.
의사소통	말하기	느낌, 생각, 경험 말하기	자신의 느낌, 생각, 경험을 적절한 낱말과 문장으로 말한다.
사회관계	사회에 관심 갖기	세계와 여러 문화에 관심 가지기	세계 여러 나라에 대해 관심을 갖고, 서로 협력해야 함을 안다.
예술경험	아름다움 찾아보기	미술적 요소 탐색하기	자연과 사물에서 색, 모양, 힘, 빠르기, 흐름 등을 탐색한다.
자연탐구	탐구하는 태도 기르기	탐구기술 활용하기	일상생활의 문제를 해결하는 과정에서 탐색, 관찰, 비교, 예측 등의 탐구기술을 활용해 본다.

• 깨끗한 물 만들기

| 영성 |
| 친밀 |
| 자연에 대한 감정이입의 개발 |

누리과정			
영역	내용범주	내용	세부내용
신체운동 · 건강	신체 인식하기	감각능력 기르고 활용하기	감각으로 대상이나 사물의 특성과 차이를 구분한다.
의사소통	말하기	낱말과 문장으로 말하기	일상생활에서 일어나는 일들을 다양한 문장으로 말한다.
사회관계	나를 알고 존중하기	나의 일 스스로 하기	내가 할 수 있는 일을 스스로 한다.
예술경험	아름다움 찾아보기	미술적 요소 탐색하기	자연과 사물에서 색, 질감, 모양, 공간 등을 탐색한다.
자연탐구	과학적 탐구하기	자연현상 알아보기	돌, 물, 흙 등 자연물의 특성과 변화를 알아본다.

• 어둠을 밝히는 빛

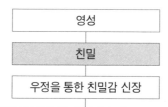

| 영성 |
| 친밀 |
| 우정을 통한 친밀감 신장 |

누리과정			
영역	내용범주	내용	세부내용
신체운동 · 건강	안전하게 생활하기	안전하게 놀이하기	놀이기구나 놀잇감, 도구의 바른 사용법을 알고 안전하게 사용한다.
의사소통	말하기	느낌, 생각, 경험 말하기	주제를 정하여 함께 이야기를 나눈다.
사회관계	다른 사람과 더불어 생활하기	친구와 사이좋게 지내기	친구와 협동하며 놀이한다.
예술경험	아름다움 찾아보기	미술적 요소 탐색하기	자연과 사물에서 색, 모양, 질감, 공간 등을 탐색한다.
자연탐구	탐구하는 태도 기르기	호기심을 유지하고 확장하기	주변 사물과 자연세계에 대해 지속적으로 호기심을 갖고 알고자 한다.

2) 관용

• 나도 쓸모 있어요

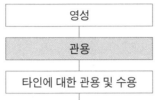

누리과정			
영역	내용범주	내용	세부내용
신체운동 · 건강	신체 인식하기	감각능력 기르고 활용하기	감각으로 대상이나 사물의 특성과 차이를 구분한다.
의사소통	듣기	동요, 동시, 동화 듣고 이해하기	동요, 동시, 동화를 다양한 방법으로 듣고 이해한다.
사회관계	나를 알고 존중하기	나를 알고 소중히 여기기	나와 다른 사람의 신체적, 사회적, 문화적 차이를 존중한다.
예술경험	예술적 표현하기	통합적으로 표현하기	예술 활동에 참여하여 창의적으로 표현하는 과정을 즐긴다.
자연탐구	과학적 탐구하기	물체와 물질 알아보기	물체와 물질을 여러 가지 방법으로 변화시켜 본다.

• 내 마음의 색

누리과정			
영역	내용범주	내용	세부내용
신체운동 · 건강	신체 인식하기	감각능력 기르고 활용하기	여러 감각기관을 협응하여 활용한다.
의사소통	말하기	느낌, 생각, 경험 말하기	자신의 느낌, 생각, 경험을 적절한 낱말과 문장으로 말한다.
사회관계	가족을 소중히 여기기	가족과 화목하게 지내기	가족과 화목하게 지낸다.
예술경험	예술적 표현하기	미술활동으로 표현하기	다양한 미술활동으로 자신의 생각과 느낌을 표현한다.
자연탐구	탐구하는 태도 기르기	탐구과정 즐기기	탐구과정에서 서로 다른 생각에 관심을 갖는다.

• 사랑해요 부모님

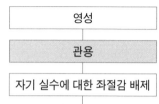

| 영성 |
| 관용 |
| 자기 실수에 대한 좌절감 배제 |

누리과정			
영역	내용범주	내용	세부내용
신체운동 · 건강	안전하게 생활하기	안전하게 놀이하기	놀이기구나 놀잇감, 도구의 바른 사용법을 알고 안전하게 사용한다.
의사소통	쓰기	쓰기 도구 사용하기	쓰기 도구의 바른 사용법을 알고 사용한다.
사회관계	가족을 소중히 여기기	가족과 협력하기	가족은 서로 도와야 함을 알고 실천한다.
예술경험	예술적 표현하기	미술활동으로 표현하기	다양한 미술활동으로 자신의 생각과 느낌을 표현한다.
자연탐구	탐구하는 태도 기르기	탐구과정 즐기기	궁금한 점을 알아보는 탐구과정에 참여하고 즐긴다.

• 얄미운 마음을 날려라

| 영성 |
| 관용 |
| 관대함의 체험 |

누리과정			
영역	내용범주	내용	세부내용
신체운동 · 건강	신체 조절과 기본 운동하기	신체 조절하기	신체 각 부분을 협응하여 움직임을 조절한다.
의사소통	말하기	느낌, 생각, 경험 말하기	자신의 느낌, 생각, 경험을 적절한 낱말과 문장으로 말한다.
사회관계	나와 다른 사람의 감정 알고 조절하기	나와 다른 사람의 감정 알고 표현하기	자신의 감정을 알고 표현한다.
예술경험	예술적 표현하기	움직임과 춤으로 표현하기	움직임과 춤으로 자신의 생각과 느낌을 표현한다.
자연탐구	과학적 탐구하기	물체와 물질 알아보기	물체와 물질을 여러 가지 방법으로 변화시켜 본다.

• 다른 사람을 생각할 수 있어요

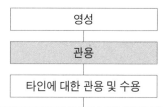

| 영성 |
| 관용 |
| 타인에 대한 관용 및 수용 |

누리과정			
영역	내용범주	내용	세부내용
신체운동 · 건강	신체활동에 참여하기	자발적으로 신체활동에 참여하기	다른 사람과 함께 하는 신체활동에 참여한다.
의사소통	말하기	느낌, 생각, 경험 말하기	자신의 느낌, 생각, 경험을 적절한 낱말과 문장으로 말한다.
사회관계	나와 다른 사람의 감정 알고 조절하기	나와 다른 사람의 감정 알고 표현하기	다른 사람의 감정을 알고 공감한다.
예술경험	예술적 표현하기	극놀이로 표현하기	경험이나 이야기를 극놀이로 표현한다.
자연탐구	탐구하는 태도 기르기	탐구과정 즐기기	탐구과정에서 서로 다른 생각에 관심을 갖는다.

• 사랑은 용서할 수 있어요

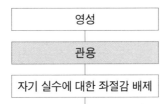

누리과정			
영역	내용범주	내용	세부내용
신체운동 · 건강	신체 인식하기	감각능력 기르고 활용하기	감각으로 대상이나 사물의 특성과 차이를 구분한다.
의사소통	말하기	느낌, 생각, 경험 말하기	자신의 느낌, 생각, 경험을 적절한 낱말과 문장으로 말한다.
사회관계	나와 다른 사람의 감정 알고 조절하기	나와 다른 사람의 감정 알고 표현하기	자신의 감정을 알고 표현한다.
예술경험	아름다움 찾아보기	미술적 요소 탐색하기	자연과 사물에서 색, 질감, 모양, 공간 등을 탐색한다.
자연탐구	과학적 탐구하기	자연현상 알아보기	돌, 물, 흙 등 자연물의 특성과 변화를 알아본다.

• 화난 마음 날려 보내기

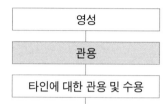

누리과정			
영역	내용범주	내용	세부내용
신체운동 · 건강	신체 조절과 기본 운동하기	신체 조절하기	눈과 손을 협응하여 소근육을 조절해 본다.
의사소통	듣기	동요, 동시, 동화 듣고 이해하기	동요, 동시, 동화를 다양한 방법으로 듣고 이해한다.
사회관계	나와 다른 사람의 감정 알고 조절하기	나의 감정 조절하기	자신의 감정을 상황에 맞게 조절한다.
예술경험	예술적 표현하기	미술활동으로 표현하기	다양한 미술활동으로 자신의 생각과 느낌을 표현한다.
자연탐구	과학적 탐구하기	자연현상 알아보기	날씨와 기후변화 등 자연현상에 대해 관심을 갖는다.

• 미안해! 친구야

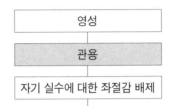

누리과정			
영역	내용범주	내용	세부내용
신체운동 · 건강	신체 인식하기	감각능력 기르고 활용하기	감각으로 대상이나 사물의 특성과 차이를 구분한다.
의사소통	말하기	상황에 맞게 바른 태도로 말하기	바르고 고운 말을 사용한다.
사회관계	다른 사람과 더불어 생활하기	친구와 사이좋게 지내기	친구와 갈등을 긍정적인 방법으로 해결한다.
예술경험	예술적 표현하기	미술활동으로 표현하기	다양한 미술활동으로 자신의 생각과 느낌을 표현한다.
자연탐구	과학적 탐구하기	물체와 물질 알아보기	물체와 물질을 여러 가지 방법으로 변화시켜 본다.

3) 기쁨

• 무지개꽃이 피었어요

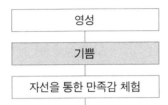

누리과정			
영역	내용범주	내용	세부내용
신체운동 · 건강	신체 조절과 기본 운동하기	신체 조절하기	눈과 손을 협응하여 소근육을 조절해 본다.
의사소통	말하기	느낌, 생각, 경험 말하기	주제를 정하여 함께 이야기를 나눈다.
사회관계	나와 다른 사람의 감정 알고 조절하기	나와 다른 사람의 감정 알고 표현하기	다른 사람의 감정을 알고 공감한다.
예술경험	예술적 표현하기	미술활동으로 표현하기	다양한 미술활동으로 자신의 생각과 느낌을 표현한다.
자연탐구	과학적 탐구하기	생명체와 자연환경 알아보기	생명체를 소중히 여기는 마음을 갖는다.

• 사랑의 화채

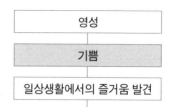

누리과정			
영역	내용범주	내용	세부내용
신체운동 · 건강	건강하게 생활하기	몸과 주변을 깨끗이 하기	스스로 몸을 깨끗이 하는 습관을 기른다.
의사소통	듣기	동요, 동시, 동화 듣고 이해하기	동요, 동시, 동화를 다양한 방법으로 듣고 이해한다.
사회관계	다른 사람과 더불어 생활하기	사회적 가치를 알고 지키기	다른 사람을 배려하여 행동한다.
예술경험	아름다움 찾아보기	미술적 요소 탐색하기	자연과 사물에서 색, 모양, 질감, 공간 등을 탐색한다.
자연탐구	과학적 탐구하기	간단한 도구와 기계 활용하기	생활 속에서 간단한 도구와 기계를 활용한다.

• 신문지 공

누리과정			
영역	내용범주	내용	세부내용
신체운동 · 건강	신체활동에 참여하기	자발적으로 신체활동에 참여하기	신체활동에 자발적이고 지속적으로 참여한다.
의사소통	읽기	책 읽기에 관심 가지기	책의 그림을 단서로 내용을 이해한다.
사회관계	다른 사람과 더불어 생활하기	친구와 사이좋게 지내기	친구와 협동하며 놀이한다.
예술경험	아름다움 찾아보기	미술적 요소 탐색하기	자연과 사물에서 색, 모양, 질감, 공간 등을 탐색한다.
자연탐구	과학적 탐구하기	자연현상 알아보기	날씨와 기후변화 등 자연현상에 대해 관심을 갖는다.

• 맛있는 김치

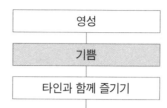

| 영성 |
| 기쁨 |
| 타인과 함께 즐기기 |

누리과정			
영역	내용범주	내용	세부내용
신체운동 · 건강	건강하게 생활하기	바른 식생활하기	몸에 좋은 음식을 선택할 수 있다.
의사소통	말하기	느낌, 생각, 경험 말하기	자신의 느낌, 생각, 경험을 적절한 낱말과 문장으로 말한다.
사회관계	사회에 관심 갖기	우리나라에 관심 갖고 이해하기	우리나라의 전통, 역사, 문화에 관심을 갖는다.
예술경험	아름다움 찾아보기	미술적 요소 탐색하기	자연과 사물에서 색, 모양, 질감, 공간 등을 탐색한다.
자연탐구	과학적 탐구하기	간단한 도구와 기계 활용하기	생활 속에서 간단한 도구와 기계를 활용한다.

• 나누면 행복해요

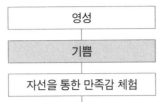

누리과정			
영역	내용범주	내용	세부내용
신체운동 · 건강	신체 인식하기	감각능력 기르고 활용하기	감각으로 대상이나 사물의 특성과 차이를 구분한다.
의사소통	말하기	상황에 맞게 바른 태도로 말하기	때와 장소, 대상에 알맞게 말한다.
사회관계	다른 사람과 더불어 생활하기	공동체에서 화목하게 지내기	다른 사람과 도움을 주고받고, 서로 협력한다.
예술경험	아름다움 찾아보기	미술적 요소 탐색하기	자연과 사물에서 색, 모양, 힘, 빠르기, 흐름 등을 탐색한다.
자연탐구	수학적 탐구하기	수와 연산의 기초개념 알아보기	생활 속에서 사용되는 수의 여러 가지 의미를 안다.

• 사랑 나누기 체조

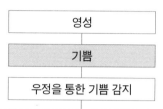

누리과정			
영역	내용범주	내용	세부내용
신체운동 · 건강	신체활동에 참여하기	자발적으로 신체활동에 참여하기	신체활동에 자발적이고 지속적으로 참여한다.
의사소통	듣기	동요, 동시, 동화 듣고 이해하기	동요, 동시, 동화를 다양한 방법으로 듣고 이해한다.
사회관계	다른 사람과 더불어 생활하기	친구와 사이좋게 지내기	친구와 협동하며 놀이한다.
예술경험	예술적 표현하기	움직임과 춤으로 표현하기	움직임과 춤으로 자신의 생각과 느낌을 표현한다.
자연탐구	과학적 탐구하기	생명체와 자연환경 알아보기	생명체를 소중히 여기는 마음을 갖는다.

• 크리스마스 선물

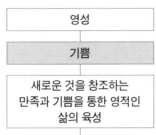

영성
기쁨
새로운 것을 창조하는 만족과 기쁨을 통한 영적인 삶의 육성

누리과정			
영역	내용범주	내용	세부내용
신체운동 · 건강	신체 조절과 기본 운동하기	신체 조절하기	도구를 활용하여 여러 가지 조작운동을 한다.
의사소통	쓰기	쓰기에 관심 가지기	말이나 생각을 글로 나타낼 수 있음을 안다.
사회관계	다른 사람과 더불어 생활하기	사회적 가치를 알고 지키기	친구와 어른께 예의 바르게 행동한다.
예술경험	예술적 표현하기	미술활동으로 표현하기	미술활동에 필요한 재료와 도구를 다양하게 사용한다.
자연탐구	과학적 탐구하기	자연현상 알아보기	날씨와 기후변화 등 자연현상에 대해 관심을 갖는다.

• 두근두근

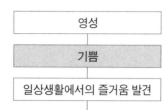

누리과정			
영역	내용범주	내용	세부내용
신체운동 · 건강	신체 인식하기	감각능력 기르고 활용하기	감각으로 대상이나 사물의 특성과 차이를 구분한다.
의사소통	말하기	느낌, 생각, 경험 말하기	자신의 느낌, 생각, 경험을 적절한 낱말과 문장으로 말한다.
사회관계	나를 알고 존중하기	나를 소중히 여기기	나에 대해 긍정적으로 생각하고 나를 소중하게 여긴다.
예술경험	아름다움 찾아보기	음악적 요소 탐색하기	다양한 소리, 악기 등으로 음악의 셈여림, 빠르기, 리듬 등을 탐색한다.
자연탐구	과학적 탐구하기	생명체와 자연환경 알아보기	생명체를 소중히 여기는 마음을 갖는다.

Chapter

03 유아를 위한 영성지향
사랑교육의 실제

- 친밀
- 관용
- 기쁨

친밀 함께해서 좋아요

🌱 **생활주제** 유치원/어린이집과 친구

🌱 **대상연령** 만 5세

🌱 **활동명** 함께해서 좋아요

🌱 **활동유형** ● 이야기 나누기: 대 · 소집단

　　　　　 ● 감각적 활동(명상 · 신체 활동): 대 · 소집단

🌱 **영성** 친밀 – 사랑의 개념 이해

🌱 **활동목표**

1. 자신의 신체를 긍정적으로 인식하고 움직이며 '조각가 놀이'를 한다.
2. '조각가 놀이' 후 자신의 느낌, 생각, 경험을 말한다.
3. '조각가 놀이'를 통하여 친구와 도움을 주고받고, 서로 협력하면서 사랑의 개념을 이해한다.
4. 친구의 신체를 이용하여 나의 생각을 다양하게 표현하며 즐긴다.
5. '조각가 놀이'를 통해 친구를 소중히 여기는 마음을 갖는다.

 누리과정 관련 요소

1. 신체운동·건강 > 신체 인식하기 > 신체를 인식하고 움직이기 > 자신의 신체를 긍정적으로 인식하고 움직인다.
2. 의사소통 > 말하기 > 느낌, 생각, 경험 말하기 > 자신의 느낌, 생각, 경험을 적절한 낱말과 문장으로 말한다.
3. 사회관계 > 다른 사람과 더불어 생활하기 > 공동체에서 화목하게 지내기 > 다른 사람과 도움을 주고받고, 서로 협력한다.
4. 예술경험 > 예술적 표현하기 > 움직임과 춤으로 표현하기 > 신체를 이용하여 주변의 움직임을 다양하게 표현하며 즐긴다.
5. 자연탐구 > 과학적 탐구하기 > 생명체와 자연환경 알아보기 > 생명체를 소중히 여기는 마음을 갖는다.

🌱 활동자료

『둘이서 둘이서』그림책, 명상음악, CD 플레이어

🌱 활동방법

① 그림책 『둘이서 둘이서』를 본다.
  ● 교사가 그림책을 보여 준다.
  ● 『둘이서 둘이서』를 본 후의 느낌이나 기억에 남는 장면을 이야기한다.

② 음악을 들으며 명상을 한다.
  ● 명상 자세로 앉아 숨을 천천히 들이마시고 잠시 멈추었다가 오므린 입술을 통해서 천천히 숨을 내보낸다(호흡 조절을 하며 감정이완과 감정이입하기).

● 음악과 함께 그림책 속으로 들어가 본다.

    — 혼자서는 힘들지만 함께할 수 있는 일로는 어떤 일들이 있었니?

    — 주인공들이 친구와 같이 했을 때 어떤 마음이 들었을까?

    — 친구와 도움을 주고받으면서 할 수 있는 일들을 생각해 보자.

● 감은 눈을 뜨고 둘이서 할 수 있는 신체활동을 해 본다.

③ '조각가 놀이'를 해 본다.

    — 누가 조각가가 되어 주겠니?

    — 누가 ○○의 점토가 되어 주겠니?

    — 점토가 된 친구를 어떤 모습으로 조각하고 싶니?

    — 점토가 된 친구의 얼굴은 어떻게 조각하고 싶니?

    — 점토가 된 친구의 몸은 어떻게 조각하고 싶니?

    — 조각하고 싶은 모습으로 표현되었니?

● '조각가 놀이'를 한 후 느낌을 이야기한다.

    — 점토가 된 친구를 조각할 때 어떤 마음이 들었니?

    — 점토가 되었을 때 어떤 기분이 들었니?

④ 명상을 한다(마음 들여다보기).

    — 허리를 곧게 펴고 두 손을 배 위에 올려놓으세요.

    — 두 눈을 감고 마음속으로 들어가 봅니다.

    — 친구를 사랑하는 마음이 보입니다.

    — 조각가가 되어 친구를 소중히 대합니다.

    — 친구를 소중히 여기는 마음이 온 마음으로 퍼져 사랑이 가득해집니다.

친구와 조각가 놀이하기

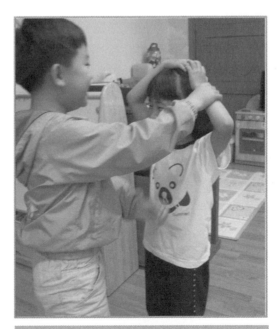

점토가 된 친구 조각하기

친밀 | 소중한 친구

🌱 **생활주제**   유치원/어린이집과 친구

🌱 **대상연령**   만 5세

🌱 **활동명**   소중한 친구

🌱 **활동유형**   ● 이야기 나누기: 대 · 소집단

　　　　　　● 감각적 활동(명상 · 조형 활동): 대 · 소집단

🌱 **영성**   친밀-모든 사람 사랑하기

🌱 **활동목표**

1. 찰흙으로 친구 얼굴을 만드는 활동을 통해 찰흙의 특성을 안다.
2. 꼬마 화가 『고흐(꼬마 미술가 1)』 그림책을 보고 이해한다.
3. 친구 얼굴을 자세히 관찰하고 찰흙으로 만들며 사이좋게 지낸다.
4. '소중한 친구' 활동을 통해 자신의 생각과 느낌을 그림으로 표현한다.
5. 친구를 사랑하는 마음으로 얼굴을 자세히 관찰하며 생명체를 소중히 여기는 마음을 갖는다.

🌱 누리과정 관련 요소

1. 신체운동 · 건강 〉 신체 인식하기 〉 감각능력 기르고 활용하기 〉 감각으로 대상이나 사물의 특성과 차이를 구분한다.
2. 의사소통 〉 듣기 〉 동요, 동시, 동화 듣고 이해하기 〉 동요, 동시, 동화를 다양한 방법으로 듣고 이해한다.
3. 사회관계 〉 다른 사람과 더불어 생활하기 〉 친구와 사이좋게 지내기 〉 친구와 협동하며 놀이한다.
4. 예술경험 〉 예술적 표현하기 〉 미술활동으로 표현하기 〉 다양한 미술활동으로 자신의 생각과 느낌을 표현한다.
5. 자연탐구 〉 과학적 탐구하기 〉 생명체와 자연환경 알아보기 〉 나와 다른 사람의 출생과 성장에 대해 알아본다.

🌱 활동자료

『고흐』 그림책, 명상음악, CD 플레이어, 찰흙, 찰흙판, 연필, A4 용지

🌱 활동방법

① 그림책 『고흐』를 본다.
- 교사가 그림책을 보여 준다.
- 『고흐』를 본 후의 느낌이나 기억에 남는 장면을 이야기한다.

② 음악을 들으며 명상을 한다.
- 명상 자세로 앉아 숨을 천천히 들이마시고 잠시 멈추었다가 오므린 입술을 통해서 천천히 숨을 내보낸다(호흡 조절을 하며 감정이완과 감정이입하기).
- 음악과 함께 그림책 속으로 들어가 본다.

- 곰돌이 고흐는 어떤 그림을 그렸니?

- 곰돌이 고흐는 어떤 색을 좋아했니?

- 곰돌이 고흐는 아침 일찍 일어나 무엇을 했니?

- 곰돌이 고흐는 햇볕이 쨍쨍 내리쬐는 여름에 무엇을 열심히 했는지 생각해

  보자.

● 감은 눈을 뜬다.

③ '소중한 친구' 활동을 한다.

- 꼬마 화가 고흐가 되어 친구의 얼굴을 그려 보자.

- 친구 얼굴을 잘 그리려면 어떻게 해야 할까?

- 찰흙으로 친구 얼굴을 만들어 보자.

- 친구 얼굴과 친구 얼굴 그림, 찰흙으로 만든 친구 얼굴이 같은지 비교해 보자.

● '소중한 친구' 활동을 한 후 느낌을 이야기한다.

- 친구 얼굴을 자세히 관찰하고 그림을 그리니 어떤 마음이 들었니?

- 찰흙으로 친구 얼굴을 만들 때 어떤 기분이 들었니?

④ 명상을 한다(마음 들여다보기).

- 허리를 곧게 펴고 두 손을 배 위에 올려놓으세요.

- 두 눈을 감고 마음속으로 들어가 봅니다.

- 친구를 사랑하는 마음이 보입니다.

- 꼬마 화가 고흐가 되어 친구를 소중히 대합니다.

- 친구를 소중히 여기는 마음이 온 마음으로 퍼져 사랑이 가득해집니다.

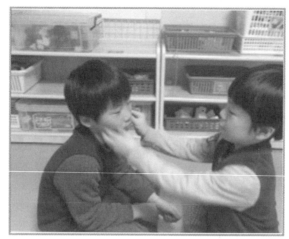

친구 얼굴을 자세히 관찰하기

찰흙으로 친구 얼굴 만들기

자세히 그린 친구 얼굴과
찰흙으로 만든 친구 얼굴

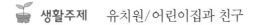

친밀 **둘이서 한마음**

🌱 **생활주제**   유치원/어린이집과 친구

🌱 **대상연령**   만 5세

🌱 **활동명**   둘이서 한마음

🌱 **활동유형**   ● 이야기 나누기: 대·소집단

　　　　　　● 감각적 활동(명상·조형 활동): 대·소집단

🌱 **영성**   친밀-친밀한 공동작업 수행

🌱 **활동목표**

1. 눈과 손을 협응하여 소근육을 조절해 '둘이서 한마음' 활동을 한다.
2. 쓰기 도구(사인펜)의 바른 사용법을 알고 사용한다.
3. '둘이서 한마음' 활동을 통해 친구와 공동작업을 수행하며 친밀감을 느낀다.
4. '둘이서 한마음' 활동으로 자신의 생각과 느낌을 표현한다.
5. '둘이서 한마음' 활동 시 친구가 표현한 것에 대해 호기심을 갖고 알고자 한다.

🌱 **누리과정 관련 요소**

1. 신체운동 · 건강 > 신체 조절과 기본 운동하기 > 신체 조절하기 > 눈과 손을 협응하여 소근육을 조절해 본다.
2. 의사소통 > 쓰기 > 쓰기에 관심 가지기 > 쓰기 도구 사용하기 > 쓰기 도구의 바른 사용법을 알고 사용한다.
3. 사회관계 > 다른 사람과 더불어 생활하기 > 친구와 사이좋게 지내기 > 친구와 협동하며 놀이한다.
4. 예술경험 > 예술적 표현하기 > 미술활동으로 표현하기 > 다양한 미술활동으로 자신의 생각과 느낌을 표현한다.
5. 자연탐구 > 탐구하는 태도 기르기 > 호기심을 유지하고 확장하기 > 주변 사물과 자연세계에 대해 지속적으로 호기심을 갖고 알고자 한다.

🌱 **활동자료**

『앤서니 브라운의 행복한 미술관』 그림책, 명상음악, CD 플레이어, 사인펜, A4 용지

🌱 **활동방법**

① 그림책 『앤서니 브라운의 행복한 미술관』을 본다.
- 교사가 그림책을 보여 준다.
- 『앤서니 브라운의 행복한 미술관』을 본 후의 느낌이나 기억에 남는 장면을 이야기한다.

② 음악을 들으며 명상을 한다.
- 명상 자세로 앉아 숨을 천천히 들이마시고 잠시 멈추었다가 오므린 입술을 통해서 천천히 숨을 내보낸다(호흡 조절을 하며 감정이완과 감정이입 하기).

● 음악과 함께 그림책 속으로 들어가 본다.

　　- 주인공은 어디에 갔니?

　　- 미술관에 가서 무엇을 보았니?

　　- 미술관에서 집으로 가는 길에 무엇을 샀니?

　　- 산 물건으로 무엇을 했니?

● 감은 눈을 뜬다.

③ '둘이서 한마음' 활동을 해 본다.

　- 두 명이 짝이 되어 보자.

　- 누가 먼저 그림을 그리겠니?

　- 내가 무엇을 그릴 것인지는 말하지 말고 그림을 그려 보자.

　- 한 번씩 번갈아 가면서 그림을 그려 보자.

　- 그만 그리고 싶을 때는 어떻게 할까?

　- 사인펜 뚜껑을 닫으면 그만 그리는 것으로 하자.

● '둘이서 한마음' 활동을 한 후 느낌을 이야기한다.

　　- 친구가 무엇을 그리는지 알 수 있었니?

　　- 말을 하지 않고 그림을 그릴 때 어떤 기분이 들었니?

④ 명상을 한다(마음 들여다보기).

　- 허리를 곧게 펴고 두 손을 배 위에 올려놓으세요.

　- 두 눈을 감고 마음속으로 들어가 봅니다.

　- 친구와 한마음이 되어 하나의 작품을 그리면서 친구의 마음을 읽을 수 있습니다.

　- 친구와 마음을 나누며 친구의 마음에 귀 기울이는 것은 사랑입니다.

'둘이서 한마음' 활동-공동 작업하기 1

'둘이서 한마음' 활동-공동 작업하기 2

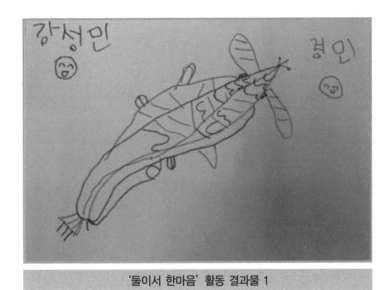

'둘이서 한마음' 활동 결과물 1

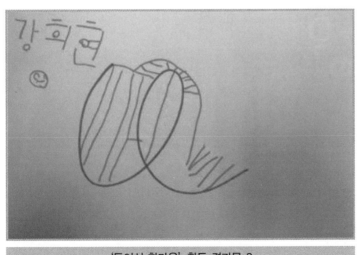

'둘이서 한마음' 활동 결과물 2

친밀 사랑의 선물

🌱 **생활주제**   나와 가족

🌱 **대상연령**   만 5세

🌱 **활동명**   사랑의 선물

🌱 **활동유형**   ● 이야기 나누기: 대 · 소집단

                 ● 감각적 활동(명상 · 정적 활동): 대 · 소집단

🌱 **영성**   친밀-사랑의 개념 이해

🌱 **활동목표**

1. 도구(가위)를 안전하게 사용하여 '사랑의 선물'을 만든다.
2. 동생에게 편지를 쓰면서 사랑의 개념을 이해한다.
3. '사랑의 선물' 활동을 통해 동생의 소중함을 안다.
4. 다양한 재료와 도구를 사용하여 '사랑의 선물'을 만든다.
5. 간단한 도구를 활용하여 '사랑의 선물'을 만든다.

🌱 **누리과정 관련 요소**

1. 신체운동 · 건강 > 안전하게 생활하기 > 안전하게 놀이하기 > 놀이기

구나 놀잇감, 도구의 바른 사용법을 알고 안전하게 사용한다.

2. 의사소통 > 쓰기 > 쓰기에 관심 가지기 > 말이나 생각을 글로 나타낼 수 있음을 안다.

3. 사회관계 > 가족을 소중히 여기기 > 가족과 화목하게 지내기 > 가족의 의미와 소중함을 안다.

4. 예술경험 > 예술적 표현하기 > 미술활동으로 표현하기 > 미술활동에 필요한 재료와 도구를 다양하게 사용한다.

5. 자연탐구 > 과학적 탐구하기 > 간단한 도구와 기계 활용하기 > 생활 속에서 간단한 도구와 기계를 활용한다.

활동자료

『피터의 의자』그림책, 명상음악, CD 플레이어, 편지지, 연필

활동방법

① 그림책 『피터의 의자』를 본다.
- 교사가 그림책을 보여 준다.
- 『피터의 의자』를 본 후의 느낌이나 기억에 남는 장면을 이야기한다.

② 음악을 들으며 명상을 한다.
- 명상 자세로 앉아 숨을 천천히 들이마시고 잠시 멈추었다가 오므린 입술을 통해서 천천히 숨을 내보낸다(호흡 조절을 하며 감정이완과 감정이입하기).

- 음악과 함께 그림책 속으로 들어가 본다.
  - 피터가 쓰던 요람을 무슨 색으로 칠해 버렸니?
  - 피터가 쓰던 식탁 의자는 무슨 색으로 칠해 버렸니?

- 피터가 쓰던 물건들을 모두 분홍색으로 칠했을 때 피터의 마음이 어땠을까?

- 피터의 의자를 동생에게 왜 준다고 했는지 생각해 보자.

● 감은 눈을 뜬다.

③ '사랑의 선물' 활동을 한다.

- 너희도 작아서 못 입는 옷을 동생에게 물려준 적이 있니?

- 동생에게 물려주었을 때 어떤 마음이었니?

- 동생이 있어서 어떤 점이 좋니?

- 동생에게 사랑의 마음을 어떻게 표현하면 좋겠니?

- 선물을 받는 동생의 마음은 어떨까?

- 동생을 생각하면서 선물을 만들어 보자.

● '사랑의 선물' 활동을 한 후 느낌을 이야기한다.

- 동생에게 줄 사랑의 선물을 만들고 나니 기분이 어떠니?

- 동생이 사랑의 선물을 받으면 어떤 마음이 들까?

④ 명상을 한다(마음 들여다보기).

- 허리를 곧게 펴고 두 손을 배 위에 올려놓으세요.

- 두 눈을 감고 마음속으로 들어가 봅니다.

- 동생을 사랑하는 마음이 보입니다.

- 사랑의 마음을 동생에게 전달합니다.

- 사랑의 마음을 선물로 표현한 내 마음도 행복해집니다.

동생에게 사랑의 선물하기

사랑의 마음을 선물로 표현하기

친밀   우리 동네 지도

🌱 **생활주제**   우리 동네

🌱 **대상연령**   만 5세

🌱 **활동명**   우리 동네 지도

🌱 **활동유형**   ● 이야기 나누기: 대 · 소집단

　　　　　　　● 감각적 활동(명상 · 조형 활동): 대 · 소집단

🌱 **영성**   친밀–친밀한 공동작업 수행

🌱 **활동목표**

1. 여러 감각기관을 협응하고 활용하여 우리 동네 지도를 만든다.
2. 『로지의 산책』 그림책을 보고 느낌, 생각, 경험을 말한다.
3. 친구와 협동하며 우리 동네 지도를 그린다.
4. 친구와 협동하는 미술활동에 참여하여 친밀함을 느낀다.
5. 친구와 협동하며 우리 동네 위치와 방향을 여러 가지 방법으로 나타낸다.

🌱 **누리과정 관련 요소**

1. 신체운동 · 건강 > 신체 인식하기 > 감각능력 기르고 활용하기 > 여러

감각기관을 협응하여 활용한다.

2. 의사소통 > 말하기 > 느낌, 생각, 경험 말하기 > 자신의 느낌, 생각, 경험을 적절한 낱말과 문장으로 말한다.

3. 사회관계 > 다른 사람과 더불어 생활하기 > 친구와 사이좋게 지내기 > 친구와 협동하며 놀이한다.

4. 예술경험 > 예술적 표현하기 > 미술활동으로 표현하기 > 협동적인 미술활동에 참여하여 즐긴다.

5. 자연탐구 > 수학적 탐구하기 > 공간과 도형의 기초개념 알아보기 > 위치와 방향을 여러 가지 방법으로 나타내 본다.

🌱 활동자료

『로지의 산책』 그림책, 명상음악, CD 플레이어, 전지, 색연필

🌱 활동방법

① 그림책 『로지의 산책』을 본다.
- 교사가 그림책을 보여 준다.
- 『로지의 산책』을 본 후의 느낌이나 기억에 남는 장면을 이야기한다.

② 음악을 들으며 명상을 한다.
- 명상 자세로 앉아 숨을 천천히 들이마시고 잠시 멈추었다가 오므린 입술을 통해서 천천히 숨을 내보낸다(호흡 조절을 하며 감정이완과 감정이입 하기).

- 음악과 함께 그림책 속으로 들어가 본다.
  - 로지가 어디로 산책을 갔니?
  - 누구를 만났는지 생각해 보자.

- 여우가 왜 로지를 따라다녔는지도 생각해 보자.

● 감은 눈을 뜬다.

③ '우리 동네 지도' 활동을 한다.
   - 우리 동네에서 어떤 것을 보았니?
   - 우리 동네에서 어떤 냄새를 맡아 보았니?
   - 우리가 행복하게 살 수 있도록 도와주는 곳은 어디니?
   - (모둠을 나눈다) 함께 힘을 모아 우리 동네 지도를 그려 보자.

● '우리 동네 지도' 활동을 한 후 느낌을 이야기한다.
● 친구와 함께 그리니까 어떤 점이 좋았니?
● 우리를 위해 수고하시는 분들에게 어떤 마음이 드니?

④ 명상을 한다(마음 들여다보기).
   - 허리를 곧게 펴고 두 손을 배 위에 올려놓으세요.
   - 두 눈을 감고 마음속으로 들어가 봅니다.
   - 친구와 함께하는 내 마음이 행복합니다.
   - 우리 주변에서 우리를 도와주시는 많은 사랑이 있어 감사함을 느낍니다.

친구들과 함께 우리 동네 지도 그리기

완성된 우리 동네 지도

주인을 찾아요

🌱 **생활주제**   세계 여러 나라

🌱 **대상연령**   만 5세

🌱 **활동명**   주인을 찾아요

🌱 **활동유형**   ● 이야기 나누기: 대 · 소집단

　　　　　　　　● 감각적 활동(명상 · 동적 활동): 대 · 소집단

🌱 **영성**   친밀-선을 위한 이타심 개발

🌱 **활동목표**

1. '주인을 찾아요' 활동 시 자신의 신체를 긍정적으로 인식하고 움직인다.
2. 물건을 잃어버린 경험, 찾아 준 경험을 말한다.
3. '주인을 찾아요' 활동을 통해 선을 위한 이타심을 기르고 세계 여러 나라의 문화에 관심을 가진다.
4. 세계 여러 나라 물건들의 미술적 요소를 탐색한다.
5. '주인을 찾아요' 활동 과정에서 탐구기술을 활용한다.

🌱 누리과정 관련 요소

1. 신체운동 · 건강 > 신체 인식하기 > 신체를 인식하고 움직이기 > 자신의 신체를 긍정적으로 인식하고 움직인다.

2. 의사소통 > 말하기 > 느낌, 생각, 경험 말하기 > 자신의 느낌, 생각, 경험을 적절한 낱말과 문장으로 말한다.

3. 사회관계 > 사회에 관심 갖기 > 세계와 여러 문화에 관심 가지기 > 세계 여러 나라에 대해 관심을 갖고, 서로 협력해야 함을 안다.

4. 예술경험 > 아름다움 찾아보기 > 미술적 요소 탐색하기 > 자연과 사물에서 색, 모양, 힘, 빠르기, 흐름 등을 탐색한다.

5. 자연탐구 > 탐구하는 태도 기르기 > 탐구기술 활용하기 > 일상생활의 문제를 해결하는 과정에서 탐색, 관찰, 비교, 예측 등의 탐구기술을 활용해 본다.

🌱 활동자료

『우리 개를 찾아 주세요』 그림책, 명상음악, CD 플레이어, 세계 여러 나라의 물건들

🌱 활동방법

① 그림책 『우리 개를 찾아 주세요』를 본다.
- 교사가 그림책을 보여 준다.
- 『우리 개를 찾아 주세요』를 본 후의 느낌이나 기억에 남는 장면을 이야기한다.

② 음악을 들으며 명상을 한다.
- 명상 자세로 앉아 숨을 천천히 들이마시고 잠시 멈추었다가 오므린 입

술을 통해서 천천히 숨을 내보낸다(호흡 조절을 하며 감정이완과 감정이입 하기).

● 음악과 함께 그림책 속으로 들어가 본다.
  - 후아니토는 어떤 말만 할 수 있었니?
  - 후아니토는 왜 시무룩해 있었니?
  - 후아니토는 개를 찾기 위해 어디 어디를 갔니?
  - 개를 찾도록 누가 도와주었니?
  - 개를 찾았을 때 후아니토 기분이 어땠을까?
  - 개를 찾도록 도와준 사람들에게 후아니토는 어떤 마음이 들었을까?

● 감은 눈을 뜬다.

③ '주인을 찾아요' 활동을 해 본다.
  - 네 물건을 잃어버린 적이 있었니?
  - 그때 마음이 어땠니?
  - 그 물건을 찾는 것을 누가 도와주었니?
  - 네가 잃어버린 물건을 친구가 찾아 주었을 때 어떤 마음이 들었니?
  - 친구가 잃어버린 물건을 찾아 준 적이 있니?
  - (세계 여러 나라 물건) 여기에 어떤 물건들이 있는지 보자.
  - 여기에 있는 물건들의 주인을 어떻게 찾아 주면 좋겠니?
  - 여기에 있는 물건들의 주인을 찾아 주자.

● '주인을 찾아요' 활동을 한 후 느낌을 이야기한다.
  - 네가 잃어버린 물건을 친구들이 찾아 주었을 때 기분이 어땠니?
  - 친구가 잃어버린 물건을 네가 찾아 주었을 때 기분이 어땠니?
  - 다른 나라 친구의 물건을 찾아 주었을 때 기분이 어땠니?

④ 명상을 한다(마음 들여다보기).

      - 허리를 곧게 펴고 두 손을 배 위에 올려놓으세요.

      - 두 눈을 감고 마음속으로 들어가 봅니다.

      - 친구의 물건을 찾아 주면 내 마음이 행복해진다는 것을 알았습니다.

      - 세계 여러 나라의 친구들도 우리와 똑같은 친구라는 것을 알았습니다.

세계 여러 나라 친구들의 물건 찾기

우리 나라 친구들의 물건 찾기

친밀 깨끗한 물 만들기

🌱 **생활주제** 환경과 생활

🌱 **대상연령** 만 5세

🌱 **활동명** 깨끗한 물 만들기

🌱 **활동유형** ● 이야기 나누기: 대 · 소집단

● 감각적 활동(명상 · 실험 활동): 대 · 소집단

🌱 **영성** 친밀-자연에 대한 감정이입의 개발

🌱 **활동목표**

1. 감각을 이용하여 깨끗한 물과 더러운 물의 차이를 구분한다.
2. 더러운 물이 깨끗한 물로 변화하는 것에 대하여 말한다.
3. '깨끗한 물 만들기' 실험을 스스로 해 본다.
4. '깨끗한 물 만들기' 실험을 통해 자연에 대한 감정이입을 개발하고 탐색한다.
5. '깨끗한 물 만들기' 실험을 통해 물의 특성과 변화를 알아본다.

🌱 **누리과정 관련 요소**

1. 신체운동 · 건강 > 신체 인식하기 > 감각능력 기르고 활용하기 > 감각으로 대상이나 사물의 특성과 차이를 구분한다.

2. 의사소통 > 말하기 > 낱말과 문장으로 말하기 > 일상생활에서 일어나는 일들을 다양한 문장으로 말한다.

3. 사회관계 > 나를 알고 존중하기 > 나의 일 스스로 하기 > 내가 할 수 있는 일을 스스로 한다.

4. 예술경험 > 아름다움 찾아보기 > 미술적 요소 탐색하기 > 자연과 사물에서 색, 질감, 모양, 공간 등을 탐색한다.

5. 자연탐구 > 과학적 탐구하기 > 자연현상 알아보기 > 돌, 물, 흙 등 자연물의 특성과 변화를 알아본다.

🌱 **활동자료**

『반짝반짝 반디각시』 그림책, 명상음악, CD 플레이어, 더러운 물, 굵은 자갈, 깨끗이 씻은 굵은 모래, 참숯 가루, 여과지

🌱 **활동방법**

① 그림책 『반짝반짝 반디각시』를 본다.
- 교사가 그림책을 보여 준다.
- 『반짝반짝 반디각시』를 본 후의 느낌이나 기억에 남는 장면을 이야기한다.

② 음악을 들으며 명상을 한다.
- 명상 자세로 앉아 숨을 천천히 들이마시고 잠시 멈추었다가 오므린 입술을 통해서 천천히 숨을 내보낸다(호흡 조절을 하며 감정이완과 감정이입 하기).

● 음악과 함께 그림책 속으로 들어가 본다.

● 감은 눈을 뜨고 둘이서 할 수 있는 신체활동을 해 본다.

③ '깨끗한 물 만들기' 실험을 해 본다.

- (더러운 물을 보여 주며) 이 물이 네 마음이라면 네 마음은 어떨 것 같니?

- 왜 이렇게 되었을까?

- 어떻게 하면 이런 마음이 깨끗해질 수 있을까?

- (준비한 재료들을 보여 주며) 이 재료들을 사용하면 속상하고 화난 마음을 깨끗하게 만들 수 있는데, 어떻게 하면 될까?

- (더러운 물을 부어 물이 걸러지는 과정을 관찰하면서) 속상하고 화난 마음이 어떻게 되고 있니?

- (깨끗해진 물을 보며) 이젠 네 마음이 어떨 것 같니?

● '깨끗한 물 만들기' 실험을 한 후 느낌을 이야기한다.

- 더러운 물이 깨끗해질 때 어떤 마음이 들었니?

④ 명상을 한다(마음 들여다보기).

- 허리를 곧게 펴고 두 손을 배 위에 올려놓으세요.

- 두 눈을 감고 마음속으로 들어가 봅니다.

- 내 마음이 물이라면 깨끗한 물입니다.

- 친구를 도와주고 사랑하는 마음이 내 마음의 물을 깨끗하게 해 줍니다.

더러운 물을 여과지에 부어 보기

더러운 물이 깨끗해질 때 느낌 말하기

친밀   어둠을 밝히는 빛

🌱 **생활주제**   생활도구

🌱 **대상연령**   만 5세

🌱 **활동명**   어둠을 밝히는 빛

🌱 **활동유형**   ● 이야기 나누기: 대 · 소집단

　　　　　　● 감각적 활동(명상 · 정적 활동): 대 · 소집단

🌱 **영성**   친밀-우정을 통한 친밀감 신장

🌱 **활동목표**

1. 초의 사용법을 알고 안전하게 사용한다.
2. 정전이 되었을 때의 경험을 말한다.
3. 친구와 협동하며 초에 불을 붙여 본다.
4. 촛불의 색, 밝기 등을 탐색한다.
5. '어둠을 밝히는 빛' 활동을 통해 주변 사물과 자연세계에 호기심을 갖고 알고자 한다.

🌱 **누리과정 관련 요소**

1. 신체운동 · 건강 > 안전하게 생활하기 > 안전하게 놀이하기 > 놀이기구나 놀잇감, 도구의 바른 사용법을 알고 안전하게 사용한다.
2. 의사소통 > 말하기 > 느낌, 생각, 경험 말하기 > 주제를 정하여 함께 이야기를 나눈다.
3. 사회관계 > 다른 사람과 더불어 생활하기 > 친구와 사이좋게 지내기 > 친구와 협동하며 놀이한다.
4. 예술경험 > 아름다움 찾아보기 > 미술적 요소 탐색하기 > 자연과 사물에서 색, 모양, 질감, 공간 등을 탐색한다.
5. 자연탐구 > 탐구하는 태도 기르기 > 호기심을 유지하고 확장하기 > 주변 사물과 자연세계에 대해 지속적으로 호기심을 갖고 알고자 한다.

🌱 **활동자료**

『앗, 깜깜해』 그림책, 명상음악, CD 플레이어, 초, 종이컵

🌱 **활동방법**

① 그림책 『앗, 깜깜해』를 본다.
  - 교사가 그림책을 보여 준다.
  - 『앗, 깜깜해』를 본 후 느낌이나 기억에 남는 장면을 이야기한다.

② 음악을 들으며 명상을 한다.
  - 명상 자세로 앉아 숨을 천천히 들이마시고 잠시 멈추었다가 오므린 입술을 통해서 천천히 숨을 내보낸다(호흡 조절을 하며 감정이완과 감정이입하기).

● 음악과 함께 그림책 속으로 들어가 본다.

- 갑자기 전기가 나갔을 때 세상이 어땠니?

- 전기가 나갔을 때 무엇을 켰니?

- 촛불을 켜고 무엇을 했니?

- 촛불을 켜고 가족이 함께 게임했을 때 주인공의 마음이 어땠을지 생각해 보자.

● 감은 눈을 뜬다.

③ 촛불을 전달하여 불을 붙여 보는 활동을 해 본다.

- 촛불 가까이 손을 대어 보자.

- 어떤 느낌이 드니?

- 이 느낌이 네 마음이라고 생각하고 따뜻한 마음을 친구에게 선물해 보자.

- 친구에게 받은 따뜻한 마음을 어떻게 해야 할까?

- 처음에는 촛불이 하나였지만 친구에게 선물을 하니 지금은 몇 개가 되었니?

- 방의 밝기는 어떻게 되었니?

● 촛불을 전달하여 불을 붙여 본 후 느낌을 이야기한다.

- 옆에 있는 친구들에게 불을 붙여 줄 때 기분이 어땠니?

- 촛불이 하나일 때보다 밝기가 어떻게 되었니?

④ 명상을 한다(마음 들여다보기).

- 허리를 곧게 펴고 두 손을 배 위에 올려놓으세요.

- 두 눈을 감고 마음속으로 들어가 봅니다.

- 친구를 사랑하는 마음이 보입니다.

- 따뜻한 마음을 친구에게 전합니다.

- 친구의 따뜻한 마음을 전달받은 나도 마음이 따뜻해집니다.

옆에 있는 친구에게 불 붙여 주기

초가 하나일 때와 여러 개일 때 밝기 비교하기

관용 | 나도 쓸모 있어요

🌱 **생활주제** 동식물과 자연

🌱 **대상연령** 만 5세

🌱 **활동명** 나도 쓸모 있어요

🌱 **활동유형** ● 이야기 나누기: 대·소집단

  ● 감각적 활동(명상·조형 활동): 대·소집단

🌱 **영성** 관용–타인에 대한 관용 및 수용

🌱 **활동목표**

1. 재활용할 수 있는 물건의 차이를 감각으로 구분한다.
2. 『강아지똥』을 보고 타인에 대한 관용 및 수용을 이해한다.
3. '나도 쓸모 있어요' 활동을 통해 나와 다른 사람의 차이를 존중한다.
4. 재활용품을 이용하여 창의적으로 표현하는 과정을 즐긴다.
5. '나도 쓸모 있어요' 활동으로 재활용품을 변화시켜 본다.

🌱 **누리과정 관련 요소**

1. 신체운동·건강 > 신체 인식하기 > 감각능력 기르고 활용하기 > 감각

으로 대상이나 사물의 특성과 차이를 구분한다.

2. 의사소통 > 듣기 > 동요, 동시, 동화 듣고 이해하기 > 동요, 동시, 동화
를 다양한 방법으로 듣고 이해한다.

3. 사회관계 > 나를 알고 존중하기 > 나를 알고 소중히 여기기 > 나와 다
른 사람의 신체적, 사회적, 문화적 차이를 존중한다.

4. 예술경험 > 예술적 표현하기 > 통합적으로 표현하기 > 예술활동에 참
여하여 창의적으로 표현하는 과정을 즐긴다.

5. 자연탐구 > 과학적 탐구하기 > 물체와 물질 알아보기 > 물체와 물질을
여러 가지 방법으로 변화시켜 본다.

🌱 활동자료

『강아지똥』 그림책, 명상음악, CD 플레이어, 재활용품

🌱 활동방법

① 그림책 『강아지똥』을 본다.
- 교사가 그림책을 보여 준다.
- 『강아지똥』을 본 후 느낌이나 기억에 남는 장면을 이야기한다.

② 음악을 들으며 명상을 한다.
- 명상 자세로 앉아 숨을 천천히 들이마시고 잠시 멈추었다가 오므린 입
술을 통해서 천천히 숨을 내보낸다(호흡 조절을 하며 감정이완과 감정이입
하기).

- 음악과 함께 그림책 속으로 들어가 본다.
  - 민들레싹을 만나기 전에 강아지똥은 자신을 어떻게 생각했니?
  - 민들레싹을 만난 후 강아지똥은 자신을 어떻게 생각하게 되었니?

- 왜 강아지똥은 생각이 바뀌었을까?

● 감은 눈을 뜨고 주변에서 보잘것없어 보이지만 쓸모 있는 것들을 찾아 본다.

③ 쓸모없는 재활용품으로 다양한 물건을 만들어 본다.
　　- 혹시 이 재활용품(병, 상자 등)도 필요하다고 생각하는 친구 있니?
　　- 이런 것들로 뭘 해 볼 수 있을까?
　　- 네가 만든 자동차를 '강아지똥'처럼 친구에게 선물한다면 친구의 마음은 어 떨 것 같니?

● 쓸모없는 재활용품으로 다양한 물건을 만들어 본 후 느낌을 이야기한다 (좋은 마음 공유하기).
　　- 쓸모없는 재활용품들이 자동차가 되었을 때 기분이 어땠니?
　　- 네가 만든 자동차를 선물받고 친구가 기뻐할 때 마음이 어땠니?

④ 명상을 한다(마음 들여다보기).
　　- 허리를 곧게 펴고 두 손을 배 위에 올려놓으세요.
　　- 두 눈을 감고 마음속으로 들어가 봅니다.
　　- 쓸모없는 것도 잘 활용하면 소중한 것이 된다는 것을 알게 되었습니다.
　　- 강아지똥의 소중함을 알게 되어 마음이 따뜻해졌습니다.

재활용품을 이용하여 무엇을 만들지 의논하기

재활용품으로 자동차 만들기

관용 내 마음의 색

🌱 **생활주제**　나와 가족

🌱 **대상연령**　만 5세

🌱 **활동명**　내 마음의 색

🌱 **활동유형**　● 이야기 나누기: 대 · 소집단

　　　　　　　● 감각적 활동(명상 · 정적 활동): 대 · 소집단

🌱 **영성**　관용-관대함의 체험

🌱 **활동목표**

1. '내 마음의 색' 활동을 통해 여러 감각기관을 협응하여 표현한다.
2. 화가 났던 경험에 대한 자신의 생각을 적절한 문장으로 말한다.
3. '내 마음의 색' 활동을 통해 관대함을 체험하고 가족과 화목하게 지내는
   방법을 안다.
4. 기쁠 때와 화날 때의 마음을 색으로 표현한다.
5. 마음의 색을 서로 다르게 표현하는 것에 관심을 갖는다.

🌱 누리과정 관련 요소

1. 신체운동 · 건강 > 신체 인식하기 > 감각능력 기르고 활용하기 > 여러 감각기관을 협응하여 활용한다.

2. 의사소통 > 말하기 > 느낌, 생각, 경험 말하기 > 자신의 느낌, 생각, 경험을 적절한 낱말과 문장으로 말한다.

3. 사회관계 > 가족을 소중히 여기기 > 가족과 화목하게 지내기 > 가족과 화목하게 지낸다.

4. 예술경험 > 예술적 표현하기 > 미술활동으로 표현하기 > 다양한 미술활동으로 자신의 생각과 느낌을 표현한다.

5. 자연탐구 > 탐구하는 태도 기르기 > 탐구과정 즐기기 > 탐구과정에서 서로 다른 생각에 관심을 갖는다.

🌱 활동자료

『오늘도 화났어!』 그림책, 명상음악, CD 플레이어, 생각 주머니, 도화지, 쓰기도구(연필, 사인펜, 색연필)

🌱 활동방법

① 그림책 『오늘도 화났어!』를 본다.
  ● 교사가 그림책을 보여 준다.
  ● 『오늘도 화났어!』를 보고 느낌이나 기억에 남는 장면을 이야기한다.

② 음악을 들으며 명상을 한다.
  ● 명상 자세로 앉아 숨을 천천히 들이마시고 잠시 멈추었다가 오므린 입술을 통해서 천천히 숨을 내보낸다(호흡 조절을 하며 감정이완과 감정이입 하기).

● 음악과 함께 그림책 속으로 들어가 본다.

    — 엄마, 아빠, 할아버지, 친구들이 왜 화를 냈니?

    — 슬픈(기쁜, 화난, 차분한) 마음을 나타내는 색은 무엇이었니?

    — 주인공이 화를 어떻게 표현했는지 생각해 보자.

● 감은 눈을 뜬다.

③ '내 마음의 색' 활동을 해 본다.

    — 화났을 때 네 마음을 색깔로 표현한다면 어떤 색을 칠하고 싶니?

    — 기분 좋을 때 네 마음을 색깔로 표현한다면 어떤 색을 칠하고 싶니?

    — 네 마음의 색깔을 보고 어떤 감정을 알게 되었니?

④ 명상을 한다(마음 들여다보기).

    — 허리를 곧게 펴고 두 손을 배 위에 올려놓으세요.

    — 두 눈을 감고 마음속으로 들어가 봅니다.

    — 엄마를 미워하는 마음의 색깔을 알게 되었습니다.

    — 아빠를 용서하는 마음의 색깔을 알게 되었습니다.

    — 동생을 용서하면 마음의 색깔도 밝게 바뀝니다.

화났을 때 마음의 색: 주로 검은색(어두운색)으로 표현

기분 좋을 때 마음의 색: 주로 붉은색(밝은색)으로 표현

관용 | 사랑해요 부모님

🌱 **생활주제**   나와 가족

🌱 **대상연령**   만 5세

🌱 **활동명**   사랑해요 부모님

🌱 **활동유형**   ● 이야기 나누기: 대 · 소집단

   ● 감각적 활동(명상 · 정적 활동): 대 · 소집단

🌱 **영성**   관용-자기 실수에 대한 좌절감 배제

🌱 **활동목표**

1. 쓰기 도구의 바른 사용법을 알고 안전하게 사용한다.
2. 쓰기 도구의 바른 사용법을 알고 주인공에게 편지를 쓴다.
3. 『돼지책』을 보고 가족은 서로 도와야 함을 알고 실천한다.
4. 주인공에게 그림편지로 자신의 생각과 느낌을 표현한다.
5. 주인공을 도와줄 방법을 알아보는 탐구과정에 참여한다.

🌱 **누리과정 관련 요소**

1. 신체운동 · 건강 > 안전하게 생활하기 > 안전하게 놀이하기 > 놀이기

구나 놀잇감, 도구의 바른 사용법을 알고 안전하게 사용한다.
2. 의사소통 > 쓰기 > 쓰기 도구 사용하기 > 쓰기 도구의 바른 사용법을 알고 사용한다.
3. 사회관계 > 가족을 소중히 여기기 > 가족과 협력하기 > 가족은 서로 도와야 함을 알고 실천한다.
4. 예술경험 > 예술적 표현하기 > 미술활동으로 표현하기 > 다양한 미술활동으로 자신의 생각과 느낌을 표현한다.
5. 자연탐구 > 탐구하는 태도 기르기 > 탐구과정 즐기기 > 궁금한 점을 알아보는 탐구과정에 참여하고 즐긴다.

🌱 활동자료

『돼지책』그림책, 명상음악, CD 플레이어, 편지지

🌱 활동방법

① 그림책『돼지책』을 본다.
- 교사가 그림책을 보여 준다.
- 『돼지책』을 보고 느낌이나 기억에 남는 장면을 이야기한다.

② 음악을 들으며 명상을 한다.
- 명상 자세로 앉아 숨을 천천히 들이마시고 잠시 멈추었다가 오므린 입술을 통해서 천천히 숨을 내보낸다(호흡 조절을 하며 감정이완과 감정이입하기).

- 음악과 함께 그림책 속으로 들어가 본다.
    - 피곳 씨와 두 아들은 어떻게 변했니?
    - 왜 돼지로 변했니?

　　－ 피곳 씨와 두 아들이 집안일을 도와주지 않았을 때 엄마의 마음은 어땠을
　　　까?

　　－ 피곳 부인의 아들이라면 어떻게 도와주고 싶은지 생각해 보자.

● 감은 눈을 뜬다.

③ 주인공 엄마께 편지 쓰기 활동을 한다.

　　－ 네가 피곳 부인이라면 마음이 어떨 것 같니?

　　－ 피곳 부인의 아이가 되어 피곳 부인에게 편지를 써 보자.

　　－ 어떻게 편지를 쓰면 피곳 부인이 용서를 해 줄까?

　　－ 편지를 쓰고 있는 네 마음은 어떠니?

　　－ 어떻게 편지를 전해 주면 좋겠니?

● 주인공 엄마께 편지 쓰기 활동 후 느낌을 이야기한다.

　　－ 우리가 쓴 편지를 피곳 부인이 받는다면 어떤 마음이 들까?

　　－ 편지를 받은 피곳 부인이 용서를 해 준다면 어떤 마음이 될지 생각해 보자.

　　－ 피곳 부인의 아들이 되어 편지를 쓸 때 어떤 마음이 들었니?

④ 명상을 한다(마음 들여다보기).

　　－ 허리를 곧게 펴고 두 손을 배 위에 올려놓으세요.

　　－ 두 눈을 감고 마음속으로 들어가 봅니다.

　　－ 잘못을 용서하는 것은 우리의 마음에 사랑이 있기 때문입니다.

　　－ 잘못을 용서하는 것도 사랑이라는 것을 알게 되었습니다.

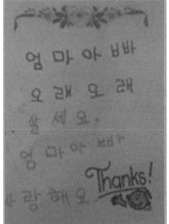

피곳 부인의 아들이라고 생각하고 편지 쓰기

관용 얄미운 마음을 날려라

🌱 **생활주제**　　나와 가족

🌱 **대상연령**　　만 5세

🌱 **활동명**　　얄미운 마음을 날려라

🌱 **활동유형**　　● 이야기 나누기: 대 · 소집단

　　　　　　　　● 감각적 활동(명상 · 동적 활동): 대 · 소집단

🌱 **영성**　　관용–관대함의 체험

🌱 **활동목표**

1. 신체 각 부분을 협응하여 신문지에 자신의 마음을 표현한다.
2. 얄미웠던 동생에 대한 자신의 경험을 적절한 문장으로 말한다.
3. '얄미운 마음을 날려라' 활동을 통해 자신의 감정을 알고 표현한다.
4. 얄미운 마음을 신문지의 움직임으로 표현한다.
5. 각자 얄미운 마음을 신문지에 표현하여 신문지를 변화시켜 본다.

🌱 **누리과정 관련 요소**

1. 신체운동 · 건강 > 신체 조절과 기본 운동하기 > 신체 조절하기 > 신체

각 부분을 협응하여 움직임을 조절한다.

2. 의사소통 > 말하기 > 느낌, 생각, 경험 말하기 > 자신의 느낌, 생각, 경험을 적절한 낱말과 문장으로 말한다.

3. 사회관계 > 나와 다른 사람의 감정 알고 조절하기 > 나와 다른 사람의 감정 알고 표현하기 > 자신의 감정을 알고 표현한다.

4. 예술경험 > 예술적 표현하기 > 움직임과 춤으로 표현하기 > 움직임과 춤으로 자신의 생각과 느낌을 표현한다.

5. 자연탐구 > 과학적 탐구하기 > 물체와 물질 알아보기 > 물체와 물질을 여러 가지 방법으로 변화시켜 본다.

🌱 **활동자료**

『얄미운 내 동생』 그림책, 명상음악, CD 플레이어, 신문지

🌱 **활동방법**

① 그림책 『얄미운 내 동생』을 본다.
  - 교사가 그림책을 보여 준다.
  - 『얄미운 내 동생』을 보고 느낌이나 기억에 남는 장면을 이야기한다.

② 음악을 들으며 명상을 한다.
  - 명상 자세로 앉아 숨을 천천히 들이마시고 잠시 멈추었다가 오므린 입술을 통해서 천천히 숨을 내보낸다(호흡 조절을 하며 감정이완과 감정이입하기).

  - 음악과 함께 그림책 속으로 들어가 본다.
    - 누나가 동생을 왜 얄밉다고 했니?
    - 동생이 누나 음식을 다 먹고, 누나 물건을 망가뜨렸을 때 누나 마음이 어땠

을 것 같니?

● 감은 눈을 뜬다.

③ 동생에 대한 얄미운 마음을 신문지에 표현해 본다.

- 어떨 때 동생이 얄미웠니?

- 얄미운 마음이 생겼을 때 어떻게 했니?

- 얄미운 마음을 신문지에 표현한다면 어떻게 표현할 수 있겠니?

● 동생에 대한 얄미운 마음을 신문지에 표현한 후 느낌을 이야기한다.

- 동생에 대한 얄미운 마음을 신문지로 표현하니 어떤 마음이 드니?

- 신문지를 던지고, 찢고, 차고 났더니 마음이 어떻게 변했니?

- 또 얄미운 마음이 생기면 어떻게 표현했으면 좋겠니?

- 얄미운 마음이 다 사라진다면 어떤 마음만 남아 있을까?

- 지금 네 마음으로 동생과 논다면 어떻겠니?

④ 명상을 한다(마음 들여다보기).

- 허리를 곧게 펴고 두 손을 배 위에 올려놓으세요.

- 두 눈을 감고 마음속으로 들어가 봅니다.

- 동생을 얄미워했던 마음이 사라진 자리엔 동생을 사랑하는 마음만 남아 있습니다.

- 동생이 얄미울 때도 있지만 나는 동생을 사랑하고 있다는 것을 압니다.

동생에 대한 얄미운 마음을 신문지로 표현하기 1

동생에 대한 얄미운 마음을 신문지로 표현하기 2

관용 | 다른 사람을 생각할 수 있어요

🌱 **생활주제**   교통기관

🌱 **대상연령**   만 5세

🌱 **활동명**   다른 사람을 생각할 수 있어요

🌱 **활동유형**   ● 이야기 나누기: 대 · 소집단

　　　　　　　　● 감각적 활동(명상 · 동극 활동): 대 · 소집단

🌱 **영성**   관용−타인에 대한 관용 및 수용

🌱 **활동목표**

1. 동극활동을 통해 다른 사람과 함께하는 신체활동에 참여한다.
2. 용서에 대한 자신의 생각을 적절한 문장으로 말한다.
3. 동극활동을 통해 다른 사람의 감정을 알고 공감한다.
4. 『검피 아저씨의 뱃놀이』 이야기를 극놀이로 표현한다.
5. 동극활동 과정에서 서로 다른 생각에 관심을 갖는다.

🌱 **누리과정 관련 요소**

1. 신체운동 · 건강 > 신체활동에 참여하기 > 자발적으로 신체활동에 참여

하기 > 다른 사람과 함께하는 신체 활동에 참여한다.

2. 의사소통 > 말하기 > 느낌, 생각, 경험 말하기 > 자신의 느낌, 생각, 경험을 적절한 낱말과 문장으로 말한다.

3. 사회관계 > 나와 다른 사람의 감정알고 조절하기 > 나와 다른 사람의 감정 알고 표현하기 > 다른 사람의 감정을 알고 공감한다.

4. 예술경험 > 예술적 표현하기 > 극놀이로 표현하기 > 경험이나 이야기를 극놀이로 표현한다.

5. 자연탐구 > 탐구하는 태도 기르기 > 탐구과정 즐기기 > 탐구과정에서 서로 다른 생각에 관심을 갖는다.

🌱 **활동자료**

『검피 아저씨의 뱃놀이』 그림책, 명상음악, CD 플레이어, 동물 가면

🌱 **활동방법**

① 그림책『검피 아저씨의 뱃놀이』를 본다.
  ● 교사가 그림책을 보여 준다.
  ● 『검피 아저씨의 뱃놀이』를 보고 느낌이나 기억에 남는 장면을 이야기한다.

② 음악을 들으며 명상을 한다.
  ● 명상 자세로 앉아 숨을 천천히 들이마시고 잠시 멈추었다가 오므린 입술을 통해서 천천히 숨을 내보낸다(호흡 조절을 하며 감정이완과 감정이입하기).

  ● 음악과 함께 그림책 속으로 들어가 본다.
    – 검피 아저씨의 배에 어떤 동물이 탔니?
    – 동물들은 아저씨와 어떤 약속을 했니?

- 동물들은 약속을 지켰니?

- 약속을 어겨서 어떻게 되었니?

- 그때 아저씨의 마음은 어땠을까?

- 마지막에는 아저씨가 어떻게 했니?

● 감은 눈을 뜬다.

③ 『검피 아저씨의 뱃놀이』 동극활동을 한다.

- 누가 검피 아저씨 역할을 하면 좋겠니?

- 동물들은 누가 하면 좋겠니?

- 배는 무엇으로 만들면 좋겠니?

- 무대는 어디로 하면 좋겠니?

● 『검피 아저씨의 뱃놀이』 동극활동을 한 후 느낌을 이야기한다.

- 검피 아저씨가 되어 보니 어떤 마음이 들었니?

- 동물이 되었을 때의 마음은 어땠니?

- 약속을 어겼을 때의 마음은 어땠니?

- 배가 뒤집혀서 바다에 빠졌을 때 동물들은 어떤 마음이었니?

- 마지막에 검피 아저씨는 왜 또 배를 태워 준다고 했니?

④ 명상을 한다(마음 들여다보기).

- 허리를 곧게 펴고 두 손을 배 위에 올려놓으세요.

- 두 눈을 감고 검피 아저씨의 마음속으로 들어가 봅니다.

- 다른 사람을 용서하는 마음도 사랑입니다.

- 용서하는 마음속엔 따뜻한 사랑의 감정이 가득합니다.

검피 아저씨의 뱃놀이 동극하기

검피 아저씨 배에 동물들이 타는 장면

사랑은 용서할 수 있어요

🌱 **생활주제** 환경과 생활

🌱 **대상연령** 만 5세

🌱 **활동명** 사랑은 용서할 수 있어요

🌱 **활동유형** ● 이야기 나누기: 대·소집단

　　　　　　　 ● 감각적 활동(명상·정적 활동): 대·소집단

🌱 **영성** 관용-자기 실수에 대한 좌절감 배제

🌱 **활동목표**

1. 손의 감각으로 돌멩이의 특성을 안다.
2. 자신의 실수에 대한 경험을 낱말과 문장으로 말한다.
3. 자신의 실수에 대한 감정을 알고 표현한다.
4. '사랑은 용서할 수 있어요' 활동을 통해 돌의 색, 모양, 질감 등을 탐색한다.
5. '사랑은 용서할 수 있어요' 활동을 통해 돌의 특성과 변화를 알아본다.

🌱 **누리과정 관련 요소**

1. 신체운동·건강 > 신체 인식하기 > 감각능력 기르고 활용하기 > 감각으로 대상이나 사물의 특성과 차이를 구분한다.
2. 의사소통 > 말하기 > 느낌, 생각, 경험 말하기 > 자신의 느낌, 생각, 경험을 적절한 낱말과 문장으로 말한다.
3. 사회관계 > 나와 다른 사람의 감정 알고 조절하기 > 나와 다른 사람의 감정 알고 표현하기 > 자신의 감정을 알고 표현한다.
4. 예술경험 > 아름다움 찾아보기 > 미술적 요소 탐색하기 > 자연과 사물에서 색, 질감, 모양, 공간 등을 탐색한다.
5. 자연탐구 > 과학적 탐구하기 > 자연현상 알아보기 > 돌, 물, 흙 등 자연물의 특성과 변화를 알아본다.

🌱 **활동자료**

『돌멩이도 춤을 추어요』 그림책, 자갈돌, 비밀상자, 명상음악, CD 플레이어

🌱 **활동방법**

① 그림책 『돌멩이도 춤을 추어요』를 본다.
- 교사가 그림책을 보여 준다.
- 『돌멩이도 춤을 추어요』를 본 후의 느낌이나 기억에 남는 장면을 이야기한다.

② 음악을 들으며 명상을 한다.
- 명상 자세로 앉아 숨을 천천히 들이마시고 잠시 멈추었다가 오므린 입술을 통해서 천천히 숨을 내보낸다(호흡 조절을 하며 감정이완과 감정이입하기).

● 음악과 함께 그림책 속으로 들어가 본다.

  - 어떤 돌멩이들이 나왔니?

  - 처음엔 돌멩이가 몇 개였니?

  - 돌멩이들이 모여서 어떤 모양을 만들었니?

  - 혼자였다가 여럿이 모였을 때 기분이 어땠을까?

● 감은 눈을 뜬다.

③ 자갈을 이용해 실수를 용서하는 활동을 해 본다.

  (비밀상자에 있는 자갈돌을 탐색한다)

  - 비밀상자 안에 무엇이 있는 것 같니?

  - 크기가 어떠니?

  - 만져 보니 느낌이 어떠니?

  - 이 자갈을 너희들의 마음이라고 생각해 보자.

  - 자갈을 두 손으로 쥐고 어제 실수했던 일을 말해 보자.

  - 어떤 일을 실수했니?

  - 실수한 일들을 다 말했다면 옆에 친구에게 자갈을 전달해 보자.

  - 자갈을 만져 보니 온도가 어떠니?

  - 자갈이 왜 따뜻해졌을까?

  - 실수한 일을 이야기하고 나니 기분이 어떠니?

● 자갈을 이용해 실수를 용서하는 활동을 해 본 후 느낌을 이야기한다.

  - 네 실수를 용서하니 자갈의 온도가 어떻게 변했니?

  - 네 실수를 용서하니 마음이 어떻게 변했니?

  - 다른 사람의 실수를 용서하니 마음이 어떻게 변했니?

④ 명상을 한다(마음 들여다보기).

- 허리를 곧게 펴고 두 손을 배 위에 올려놓으세요.

- 두 눈을 감고 마음속으로 들어가 봅니다.

- 다른 사람의 실수를 용서하니 내 마음이 편안해짐을 느꼈습니다.

- 다른 사람의 실수를 용서하니 내 마음이 평화로워졌습니다.

내가 실수한 일들을 말하고 자갈을 옆 친구에게 전달하기

관용   화난 마음 날려 보내기

🌱 **생활주제**   봄 · 여름 · 가을 · 겨울-겨울

🌱 **대상연령**   만 5세

🌱 **활동명**   화난 마음 날려 보내기

🌱 **활동유형**   ● 이야기 나누기: 대 · 소집단

    ● 감각적 활동(명상 · 동적 활동): 대 · 소집단

🌱 **영성**   관용-타인에 대한 관용 및 수용

🌱 **활동목표**

1. 눈과 손을 협응하여 종이비행기를 만든다.
2. 『지각대장 존』 동화를 듣고 이해한다.
3. '화난 마음 날려 보내기' 활동을 통해 자신의 감정을 조절한다.
4. 종이비행기에 타인에 대한 관용 및 수용에 관한 자신의 생각을 표현한다.
5. 종이비행기를 날려 봄으로써 날씨와 같은 자연현상에 대해 관심을 갖는다.

🌱 **누리과정 관련 요소**

1. 신체운동 · 건강 > 신체 조절과 기본 운동하기 > 신체 조절하기 > 눈과

손을 협응하여 소근육을 조절해 본다.

2. 의사소통 > 듣기 > 동요, 동시, 동화 듣고 이해하기 > 동요, 동시, 동화를 다양한 방법으로 듣고 이해한다.

3. 사회관계 > 나와 다른 사람의 감정 알고 조절하기 > 나의 감정 조절하기 > 자신의 감정을 상황에 맞게 조절한다.

4. 예술경험 > 예술적 표현하기 > 미술활동으로 표현하기 > 다양한 미술활동으로 자신의 생각과 느낌을 표현한다.

5. 자연탐구 > 과학적 탐구하기 > 자연현상 알아보기 > 날씨와 기후변화 등 자연현상에 대해 관심을 갖는다.

🌱 **활동자료**

『지각대장 존』 그림책, 명상음악, CD 플레이어

🌱 **활동방법**

① 그림책『지각대장 존』을 본다.
- 교사가 그림책을 보여 준다.
- 『지각대장 존』을 보고 느낌이나 기억에 남는 장면을 이야기한다.

② 음악을 들으며 명상을 한다.
- 명상 자세로 앉아 숨을 천천히 들이마시고 잠시 멈추었다가 오므린 입술을 통해서 천천히 숨을 내보낸다(호흡 조절을 하며 감정이완과 감정이입 하기).

- 음악과 함께 그림책 속으로 들어가 본다.
  - 선생님이 존의 말을 믿어 주지 않았을 때 존의 마음은 어땠을까?
  - 내가 존이라면 선생님께 어떻게 이야기했을까?

- 선생님은 왜 준의 말을 믿지 않았을까?

● 감은 눈을 뜬다.

③ 종이비행기에 화나게 하거나 속상하게 했던 사람들을 용서하는 글을 적어
'화난 마음 날려 보내기' 활동을 해 본다.
- 친구, 선생님, 동생, 부모님 때문에 속상했던 일이 있었니?
- 속상하게 했던 사람들을 어떻게 용서할까?
- 속상하게 했던 사람들을 용서하는 마음을 종이비행기에 글이나 그림으로 나타
내 보자.
- 종이비행기를 날려 보내니 어떤 마음이 드니?

● 종이비행기에 화나게 하거나 속상하게 했던 사람들을 용서하는 글이나
그림을 담아 '화난 마음 날려 보내기' 활동을 한 후 느낌을 이야기한다.
- 종이비행기에 용서하는 마음을 실어 보냈더니 지금은 어떤 마음이 드니?
- 용서받은 사람들은 어떤 마음이 들까?

④ 명상을 한다(마음 들여다보기).
- 허리를 곧게 펴고 두 손을 배 위에 올려놓으세요.
- 두 눈을 감고 마음속으로 들어가 봅니다.
- 화나고 속상했던 마음을 날려 보내면 내 마음속에 사랑이 찾아온다는 것을 알
게 되었습니다.
- 화나고 속상하게 한 사람들을 용서하는 것도 사랑입니다.

종이비행기에 속상하게 했던 사람들을 용서하는 글이나 그림을 담아 날려 보내기 1

종이비행기에 속상하게 했던 사람들을 용서하는 글이나 그림을 담아 날려 보내기 2

관용 미안해! 친구야

🌱 **생활주제** 봄 · 여름 · 가을 · 겨울-봄

🌱 **대상연령** 만 5세

🌱 **활동명** 미안해! 친구야

🌱 **활동유형** ● 이야기 나누기: 대 · 소집단
　　　　　　　 ● 감각적 활동(명상 · 조형 활동): 대 · 소집단

🌱 **영성** 관용-자기 실수에 대한 좌절감 배제

🌱 **활동목표**

1. 점토로 마음을 표현하는 활동을 하며 점토의 특징을 안다.
2. 점토를 이용하여 화난 감정, 용서한 감정에 대한 자신의 생각과 느낌을 바르고 고운 말로 표현한다.
3. '미안해! 친구야' 활동을 통해 친구와의 갈등을 긍정적인 방법으로 해결한다.
4. 화난 감정, 용서한 감정을 점토로 표현한다.
5. 화난 감정, 용서한 감정을 점토로 변화시켜 본다.

🌱 **누리과정 관련 요소**

1. 신체운동 · 건강 > 신체 인식하기 > 감각능력 기르고 활용하기 > 감각으로 대상이나 사물의 특성과 차이를 구분한다.
2. 의사소통 > 말하기 > 상황에 맞게 바른 태도로 말하기 > 바르고 고운 말을 사용한다.
3. 사회관계 > 다른 사람과 더불어 생활하기 > 친구와 사이좋게 지내기 > 친구와 갈등을 긍정적인 방법으로 해결한다.
4. 예술경험 > 예술적 표현하기 > 미술활동으로 표현하기 > 다양한 미술활동으로 자신의 생각과 느낌을 표현한다.
5. 자연탐구 > 과학적 탐구하기 > 물체와 물질 알아보기 > 물체와 물질을 여러 가지 방법으로 변화시켜 본다.

🌱 **활동자료**

『까마귀 소년』 그림책, 점토, 비닐, 명상음악, CD 플레이어

🌱 **활동방법**

① 그림책 『까마귀 소년』을 본다.
  ● 교사가 그림책을 보여 준다.
  ● 『까마귀 소년』을 보고 느낌이나 기억에 남는 장면을 이야기한다.

② 음악을 들으며 명상을 한다.
  ● 명상 자세로 앉아 숨을 천천히 들이마시고 잠시 멈추었다가 오므린 입술을 통해서 천천히 숨을 내보낸다(호흡 조절을 하며 감정이완과 감정이입하기).

● 음악과 함께 그림책 속으로 들어가 본다.

    – 공부할 때, 놀 때, 따돌림을 받았을 때 땅꼬마의 마음은 어땠을까?

    – 이소베 선생님이 땅꼬마의 이야기를 들어 주었을 때 땅꼬마의 마음은 어땠

      을 것 같니?

    – 까마귀 소리를 들은 친구들은 어떤 마음이었을까?

● 감은 눈을 뜨고 용서한 마음을 점토로 표현해 본다.

③ 점토로 '용서한 마음 표현하기' 활동을 해 본다.

    – 친구들이 나와 놀아 주지 않을 때 어떤 마음이 드는지 점토로 만들어 보자.

    – 얼마만큼 화가났는지 점토를 모아나타내 보자.

    – 화나게 했던 친구들을 용서했을 때의 마음을 점토로 만들어 보자.

● 점토로 '화난 마음을 표현하기' 활동을 해 본 후 느낌을 이야기한다.

    – 화난 마음을 점토로 만들었더니 어떤 마음이 드니?

    – 용서한 마음을 점토로 만들었더니 어떤 마음이 드니?

④ 명상을 한다(마음 들여다보기).

    – 허리를 곧게 펴고 두 손을 배 위에 올려놓으세요.

    – 두 눈을 감고 마음속으로 들어가 봅니다.

    – 화나게 한 사람을 용서하면 마음이 편안해집니다.

    – 잘못을 용서하는 것은 사랑하는 마음입니다.

화난 마음을 점토로 표현하기

용서한 마음을 점토로 표현하기

기쁨   무지개꽃이 피었어요

🌱 **생활주제**   동식물과 자연

🌱 **대상연령**   만 5세

🌱 **활동명**   무지개꽃이 피었어요

🌱 **활동유형**   ● 이야기 나누기: 대 · 소집단

　　　　　　　● 감각적 활동(명상 · 정적 활동): 대 · 소집단

🌱 **영성**   기쁨-자선을 통한 만족감 체험

🌱 **활동목표**

1. 눈과 손을 협응하여 소근육을 조절해 '무지개꽃이 피었어요' 활동을 한다.
2. 그림책을 보고 자선을 통한 만족감에 대하여 이야기를 나눈다.
3. '무지개꽃이 피었어요' 활동을 통해 다른 사람의 감정을 알고 공감한다.
4. '무지개꽃이 피었어요' 활동을 통해 자선을 통한 만족감에 대한 자신의 생각과 느낌을 표현한다.
5. '무지개꽃이 피었어요' 활동을 통해 생명체를 소중히 여기는 마음을 갖는다.

🌱 **누리과정 관련 요소**

1. 신체운동 · 건강 > 신체 조절과 기본 운동하기 > 신체 조절하기 > 눈과 손을 협응하여 소근육을 조절해 본다.
2. 의사소통 > 말하기 > 느낌, 생각, 경험 말하기 > 주제를 정하여 함께 이 야기를 나눈다.
3. 사회관계 > 나와 다른 사람의 감정 알고 조절하기 > 나와 다른 사람의 감정 알고 표현하기 > 다른 사람의 감정을 알고 공감한다.
4. 예술경험 > 예술적 표현하기 > 미술활동으로 표현하기 > 다양한 미술 활동으로 자신의 생각과 느낌을 표현한다.
5. 자연탐구 > 과학적 탐구하기 > 생명체와 자연환경 알아보기 > 생명체 를 소중히 여기는 마음을 갖는다.

🌱 **활동자료**

『무지개꽃이 피었어요』 그림책, 명상음악, CD 플레이어

🌱 **활동방법**

① 그림책 『무지개꽃이 피었어요』를 본다.
- 교사가 그림책을 보여 준다.
- 『무지개꽃이 피었어요』를 보고 느낌이나 기억에 남는 장면을 이야기한다.

② 음악을 들으며 명상을 한다.
- 명상 자세로 앉아 숨을 천천히 들이마시고 잠시 멈추었다가 오므린 입 술을 통해서 천천히 숨을 내보낸다(호흡 조절을 하며 감정이완과 감정이입 하기).

● 음악과 함께 그림책 속으로 들어가 본다.

- 동화 속의 무지개꽃은 어떤 마음이 들었을까?

- 왜 기쁜 마음이 들었을까?

- 어떤 장면에 들어갔을 때 기분이 가장 좋았니?

● 감은 눈을 뜬다.

③ 꽃잎으로 도울 수 있는 일들을 그림으로 표현하는 활동을 한다.

- 너희들도 무지개꽃처럼 누굴 도와준적이 있니?

- 언제 도와주었니?

- 도와주었을 때 마음이 어땠니?

- 도움받은 친구의 마음은 어땠을까?

- 너희들이 동화 속 도움받은 나비라면 어떤 마음일까?

- 너희들이 무지개꽃이라면 누구를 도와주고 싶은지 그림으로 그려 보자.

● 꽃잎으로 도울 수 있는 일을 그림으로 표현한 후 느낌을 이야기한다.

- 꽃잎으로 친구를 돕는다는 생각을 하게 되었을 때 기분이 어땠니?

- 도움을 받는 친구의 마음은 어떨 것 같니?

④ 명상을 한다(마음 들여다보기).

- 허리를 곧게 펴고 두 손을 배 위에 올려 놓으세요.

- 두 눈을 감고 마음속으로 들어가 봅니다.

- 꽃잎이 되어 친구를 도와주니 마음이 기쁩니다.

- 기쁜 마음으로 가득한 마음이 사랑으로 넘쳐납니다.

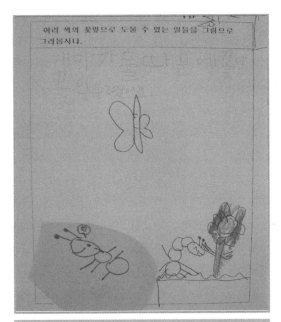

꽃잎으로 도울 수 있는 일을 그림으로 표현하기 1

꽃잎으로 도울 수 있는 일을 그림으로 표현하기 2

기쁨   사랑의 화채

🌱 **생활주제**   봄 · 여름 · 가을 · 겨울-여름

🌱 **대상연령**   만 5세

🌱 **활동명**   사랑의 화채

🌱 **활동유형**   ● 이야기 나누기: 대 · 소집단

● 감각적 활동(명상 · 요리 활동): 대 · 소집단

🌱 **영성**   기쁨-일상생활에서의 즐거움 발견

🌱 **활동목표**

1. 화채를 만들기 전에 몸과 주변을 깨끗이 한다.
2. 『고사리손 요리책』 동화를 듣고 이해한다.
3. 화채를 대접해 보는 활동을 통해 즐거움을 느낀다.
4. 요리활동 시 재료의 색, 모양, 질감 등을 탐색한다.
5. 화채를 만들기 위해 칼, 도마, 숟가락을 활용한다.

🌱 **누리과정 관련 요소**

1. 신체운동 · 건강 > 건강하게 생활하기 > 몸과 주변을 깨끗이 하기 > 스

스로 몸을 깨끗이 하는 습관을 기른다.

2. 의사소통 > 듣기 > 동요, 동시, 동화 듣고 이해하기 > 동요, 동시, 동화를 다양한 방법으로 듣고 이해한다.

3. 사회관계 > 다른 사람과 더불어 생활하기 > 사회적 가치를 알고 지키기 > 다른 사람을 배려하여 행동한다.

4. 예술경험 > 아름다움 찾아보기 > 미술적 요소 탐색하기 > 자연과 사물에서 색, 모양, 질감, 공간 등을 탐색한다.

5. 자연탐구 > 과학적 탐구하기 > 간단한 도구와 기계 활용하기 > 생활 속에서 간단한 도구와 기계를 활용한다.

🌱 활동자료

『고사리손 요리책』그림책, 명상음악, CD 플레이어, 수박, 우유, 사이다, 과일 통조림, 얼음, 화채 그릇

🌱 활동방법

① 그림책『고사리손 요리책』을 본다.
- 교사가 그림책을 보여 준다.
- 『고사리손 요리책』을 보고 화채 만드는 순서를 이야기한다.

② 음악을 들으며 명상을 한다.
- 명상 자세로 앉아 숨을 천천히 들이마시고 잠시 멈추었다가 오므린 입술을 통해서 천천히 숨을 내보낸다(호흡 조절을 하며 감정이완과 감정이입하기).

- 음악과 함께 그림책 속으로 들어가 본다.
  - 화채를 어떻게 만드는지 생각해 보자.

       – 화채를 만들어 누구에게 대접할 것인지도 생각해 보자.

       – 화채를 대접받는 사람의 마음도 생각해 보자.

    ● 감은 눈을 뜨고 화채를 만들 준비를 한다.

③ '사랑의 화채' 활동을 한다.

     – 사랑의 화채에는 어떤 재료들이 들어갈까?

     – 사랑의 화채를 누구에게 대접하고 싶니?

     – 사랑의 화채를 만들어 대접한다고 생각하니 어떤 마음이 드니?

     – (수박을 뜨며) 이 수박이 친구에게 주는 사랑이라고 생각해 보자.

     – (과일을 넣으며) 이 과일이 친구와 친해지고 싶은 마음이라고 생각해 보자.

    ● 사랑의 화채를 만들어 본 후 느낌을 이야기한다.

       – 사랑의 화채를 친구에게 대접할 때 어떤 마음이 들었니?

       – 사랑의 화채를 ○○반 선생님께 대접할 때 어떤 마음이 들었니?

       – 친구들과 선생님이 맛있게 먹을 땐 어떤 마음이 들었니?

④ 명상을 한다(마음 들여다보기).

     – 허리를 곧게 펴고 두 손을 배 위에 올려놓으세요.

     – 두 눈을 감고 마음속으로 들어가 봅니다.

     – 내가 맛있게 만든 음식을 사랑하는 사람들과 나누어 먹으니 내 마음이 기쁩니다.

     – 사랑하는 사람이 기뻐하며 먹는 모습을 보니 내가 자랑스럽습니다.

     – 사랑하는 사람의 몸에 들어간 사랑의 화채가 그 사람을 건강하게 하고, 나의

       사랑하는 마음이 그 사람의 마음을 기쁘게 한다고 상상해 봅시다.

사랑의 화채 만들기

사랑의 화채 완성

기쁨 신문지 공

🌱 **생활주제** 건강과 안전

🌱 **대상연령** 만 5세

🌱 **활동명** 신문지 공

🌱 **활동유형** ● 이야기 나누기: 대 · 소집단

　　　　　　　● 감각적 활동(명상 · 신체 활동): 대 · 소집단

🌱 **영성** 기쁨-타인과 함께 즐기기

🌱 **활동목표**

1. '신문지 공' 활동에 자발적이고 지속적으로 참여한다.
2. 『축구 선수 윌리』 그림책을 보고 내용을 이해한다.
3. 친구와 협동하며 놀이하며 즐긴다.
4. '신문지 공' 활동을 통해 사물에서 색, 모양, 질감, 공간 등을 탐색한다.
5. '신문지 공' 활동을 통해 날씨와 자연현상에 대해 관심을 갖는다.

🌱 **누리과정 관련 요소**

1. 신체운동 · 건강 > 신체활동에 참여하기 > 자발적으로 신체활동에 참

여하기 > 신체활동에 자발적이고 지속적으로 참여한다.

2. 의사소통 > 읽기 > 책 읽기에 관심 가지기 > 책의 그림을 단서로 내용을 이해한다.

3. 사회관계 > 다른 사람과 더불어 생활하기 > 친구와 사이좋게 지내기 > 친구와 협동하며 놀이한다.

4. 예술경험 > 아름다움 찾아보기 > 미술적 요소 탐색하기 > 자연과 사물에서 색, 모양, 질감, 공간 등을 탐색한다.

5. 자연탐구 > 과학적 탐구하기 > 자연현상 알아보기 > 날씨와 기후변화 등 자연현상에 대해 관심을 갖는다.

🌱 활동자료

『축구 선수 윌리』그림책, 명상음악, CD 플레이어, 재활용품

🌱 활동방법

① 그림책『축구 선수 윌리』를 본다.
  ● 교사가 그림책을 보여 준다.
  ● 『축구 선수 윌리』를 보고 느낌이나 기억에 남는 장면을 이야기한다.

② 음악을 들으며 명상을 한다.
  ● 명상 자세로 앉아 숨을 천천히 들이마시고 잠시 멈추었다가 오므린 입술을 통해서 천천히 숨을 내보낸다(호흡 조절을 하며 감정이완과 감정이입하기).

  ● 음악과 함께 그림책 속으로 들어가 본다.
    – 축구 연습을 열심히 한 윌리는 왜 축구 경기에 나갈 수 없었니?
    – 윌리는 축구화를 받고 어떻게 했니?

- 축구화를 신고 축구를 했을 때 어떻게 되었니?

- 축구 경기에 나갔을 때 축구화를 신었니?

- 새 축구화를 신지 않은 월리는 어떻게 경기를 했니?

- 친구들과 축구 경기에 참여한 월리는 어떤 기분이었을지 생각해 보자.

● 감은 눈을 뜨고 친구와 함께 '신문지 공 활동'을 한다.

③ 신문지 공으로 멀리 차기 활동을 한다.

- 신문지 공을 잘 차라고 친구에게 어떻게 응원할까?

- 신문지 공을 멀리 차는 친구에게 어떻게 할까?

- 친구와 함께 즐겁게 공놀이를 하려면 어떻게 해야 할까?

● 신문지 공으로 활동을 한 후 느낌을 이야기한다.

- 친구와 함께 공놀이를 했을 때 기분이 어땠니?

- 어떻게 했을 때 기뻤니?

④ 명상을 한다(마음 들여다보기).

- 허리를 곧게 펴고 두 손을 배 위에 올려놓으세요.

- 두 눈을 감고 마음속으로 들어가 봅니다.

- 친구와 함께 공놀이를 하면 기쁜 마음이 든다는 것을 알았답니다.

- 친구와 함께 하면서 느끼는 기쁜 마음도 사랑입니다.

신문지 공 멀리 차기 1

신문지 공 멀리 차기 2

기쁨   맛있는 김치

🌱 **생활주제**   우리나라

🌱 **대상연령**   만 5세

🌱 **활동명**   맛있는 김치

🌱 **활동유형**   ● 이야기 나누기: 대 · 소집단

　　　　　　　● 감각적 활동(명상 · 요리 활동): 대 · 소집단

🌱 **영성**   기쁨-타인과 함께 즐기기

🌱 **활동목표**

1. 몸에 좋은 김치를 친구들과 즐겁게 먹는다.
2. 『김치는 영어로 해도 김치』 그림책을 보고 자신의 느낌, 생각, 경험을 말한다.
3. 김치를 담그며 우리나라의 전통, 역사, 문화에 관심을 갖는다.
4. 김치를 담그며 자연과 사물에서 색, 모양, 질감 등을 탐색한다.
5. 김치를 담그며 간단한 도구(칼, 도마 등)와 기계(믹서)를 활용한다.

🌱 누리과정 관련 요소

1. 신체운동 · 건강 > 건강하게 생활하기 > 바른 식생활하기 > 몸에 좋은 음식을 선택할 수 있다.
2. 의사소통 > 말하기 > 느낌, 생각, 경험 말하기 > 자신의 느낌, 생각, 경험을 적절한 낱말과 문장으로 말한다.
3. 사회관계 > 사회에 관심 갖기 > 우리나라에 관심 갖고 이해하기 > 우리나라의 전통, 역사, 문화에 관심을 갖는다.
4. 예술경험 > 아름다움 찾아보기 > 미술적 요소 탐색하기 > 자연과 사물에서 색, 모양, 질감, 공간 등을 탐색한다.
5. 자연탐구 > 과학적 탐구하기 > 간단한 도구와 기계 활용하기 > 생활 속에서 간단한 도구와 기계를 활용한다.

🌱 활동자료

『김치는 영어로 해도 김치』그림책, 명상음악, CD 플레이어, 김장재료(배추, 무, 잔 파, 마늘, 젓갈, 소금, 고춧가루 등), 칼, 도마, 믹서, 양념 버무릴 통 등

🌱 활동방법

① 그림책『김치는 영어로 해도 김치』를 본다.
  ● 교사가 그림책을 보여 준다.
  ●『김치는 영어로 해도 김치』를 보고 느낌이나 기억에 남는 장면을 이야기한다.
② 음악을 들으며 명상을 한다.
  ● 명상 자세로 앉아 숨을 천천히 들이마시고 잠시 멈추었다가 오므린 입술을 통해서 천천히 숨을 내보낸다(호흡 조절을 하며 감정이완과 감정이입하기).

● 음악과 함께 그림책 속으로 들어가 본다.
  - 김치를 담글 때 어떤 준비물이 필요했는지 생각해 보자.
  - 김치는 왜 영어로 해도 김치일까?
  - 김치를 담가서 이웃들과 함께 나눠 먹으면 기분이 어떨까?

● 감은 눈을 뜨고 친구들과 함께 김치 담글 준비를 한다.

③ 친구들과 함께 '김치 담그기' 활동을 한다.
  - 김치를 만들려면 어떠한 재료가 필요하니?
  - 친구들과 함께 김치를 담그니 어떤 기분이 드니?
  - 우리가 만든 김치를 누구와 나누어 먹으면 좋을까?
  - 김치를 대접받는 사람은 어떤 기분이 들까?

● 친구들과 함께 '김치 담그기' 활동을 한 후 느낌을 이야기한다.
  - 친구와 함께 김치를 담글 때 기분이 어땠니?
  - 우리가 만든 김치를 대접할 때 기분이 어땠니?

④ 명상을 한다(마음 들여다보기).
  - 허리를 곧게 펴고 두 손을 배 위에 올려놓으세요.
  - 두 눈을 감고 마음속으로 들어가 봅니다.
  - 친구와 함께하는 활동은 기쁜 마음을 줍니다.
  - 맛있게 만든 김치를 나누어 먹는 것도 기쁜 마음을 줍니다.

친구와 함께 김치 담그기 1

친구와 함께 김치 담그기 2

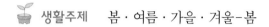

| 기쁨 | 나누면 행복해요 |

🌱 **생활주제**   봄 · 여름 · 가을 · 겨울-봄

🌱 **대상연령**   만 5세

🌱 **활동명**   나누면 행복해요

🌱 **활동유형**   ● 이야기 나누기: 대 · 소집단

                 ● 감각적 활동(명상 · 동적 활동): 대 · 소집단

🌱 **영성**   기쁨-자선을 통한 만족감 체험

🌱 **활동목표**

1. '아나바다' 활동을 통해 다양한 물건들의 특성과 차이를 구분한다.
2. '아나바다' 활동 시 상황에 맞게 바른 태도로 말한다.
3. '아나바다' 활동 시 다른 사람과 도움을 주고받으며 자선을 통한 만족감을 체험한다.
4. '아나바다' 활동을 통해 사물에서 색, 모양, 질감 등을 탐색한다.
5. '아나바다' 활동을 통해 생활 속에서 사용되는 수의 여러 가지 의미를 안다.

누리과정 관련 요소

1. 신체운동 · 건강 > 신체 인식하기 > 감각능력 기르고 활용하기 > 감각으로 대상이나 사물의 특성과 차이를 구분한다.
2. 의사소통 > 말하기 > 상황에 맞게 바른 태도로 말하기 > 때와 장소, 대상에 알맞게 말한다.
3. 사회관계 > 다른 사람과 더불어 생활하기 > 공동체에서 화목하게 지내기 > 다른 사람과 도움을 주고받고, 서로 협력한다.
4. 예술경험 > 아름다움 찾아보기 > 미술적 요소 탐색하기 > 자연과 사물에서 색, 모양, 힘, 빠르기, 흐름 등을 탐색한다.
5. 자연탐구 > 수학적 탐구하기 > 수와 연산의 기초개념 알아보기 > 생활속에서 사용되는 수의 여러 가지 의미를 안다.

 활동자료

『아낌없이 주는 나무』 그림책, 명상음악, CD 플레이어, 아나바다 물품

 활동방법

① 그림책 『아낌없이 주는 나무』를 본다.
- 교사가 그림책을 보여 준다.
- 『아낌없이 주는 나무』를 보고 느낌이나 기억에 남는 장면을 이야기한다.

② 음악을 들으며 명상을 한다.
- 명상 자세로 앉아 숨을 천천히 들이마시고 잠시 멈추었다가 오므린 입술을 통해서 천천히 숨을 내보낸다(호흡 조절을 하며 감정이완과 감정이입하기).

● 음악과 함께 그림책 속으로 들어가 본다.

  - 나무는 어떤 마음으로 아낌없이 줄까?

  - 나무가 소년을 기다리는 마음은 어떤 마음일까?

  - 소년은 나무의 소중한 것을 가지고 가면서 어떤 마음이 들었을까?

● 감은 눈을 뜨고 자신이 사용했던 물건들을 다른 사람과 나눠 사용해 보는 경험을 해 본다.

③ '아나바다' 활동으로 물건을 나누어 써 보는 경험을 한다.

  - 네가 소중하게 사용했던 물건을 다른 사람도 어떻게 사용했으면 좋겠니?

  - 너에겐 필요 없는 물건이지만 다른 사람에겐 어떠한 물건일 수 있니?

  - 다른 친구들이 사용했던 물건을 네가 사용해 보니 어떤 마음이 드니?

● '아나바다' 활동을 해 본 후 느낌을 이야기한다.

  - 네가 사용했던 물건을 다른 친구가 사용할 때 어떤 마음이 들었니?

  - 네가 소중하게 사용했던 물건을 친구들도 소중하게 생각할 때 어떤 마음이 들었니?

④ 명상을 한다(마음 들여다보기).

  - 허리를 곧게 펴고 두 손을 배 위에 올려놓으세요.

  - 두 눈을 감고 마음속으로 들어가 봅니다.

  - 내가 소중히 생각했던 물건을 친구도 소중하게 생각한다는 마음을 알았을 때 내 마음이 기뻤습니다.

  - 친구와 물건을 나눈다는 것이 기쁘다는 것을 알게 되었습니다.

아나바나 활동

내가 소중하게 사용했던 물건을 다른 사람과 나누기

기쁨 사랑 나누기 체조

🌱 **생활주제**   건강과 안전

🌱 **대상연령**   만 5세

🌱 **활동명**   사랑 나누기 체조

🌱 **활동유형**   ● 이야기 나누기: 대 · 소집단

　　　　　　　　● 감각적 활동(명상 · 신체 활동): 대 · 소집단

🌱 **영성**   기쁨 – 우정을 통한 기쁨 감지

🌱 **활동목표**

1. '사랑 나누기 체조'에 자발적이고 지속적으로 참여한다.
2. 『우리는 친구』 그림책을 보고 이해한다.
3. 친구와 협동하며 '사랑 나누기 체조'를 즐긴다.
4. '사랑 나누기 체조'로 자신의 느낌을 표현한다.
5. '사랑 나누기 체조'를 하며 친구를 소중히 여기는 마음을 갖는다.

🌱 **누리과정 관련 요소**

1. 신체운동 · 건강 > 신체활동에 참여하기 > 자발적으로 신체활동에 참여

하기 〉 신체활동에 자발적이고 지속적으로 참여한다.

2. 의사소통 〉 듣기 〉 동요, 동시, 동화 듣고 이해하기 〉 동요, 동시, 동화를 다양한 방법으로 듣고 이해한다.

3. 사회관계 〉 다른 사람과 더불어 생활하기 〉 친구와 사이좋게 지내기 〉 친구와 협동하며 놀이한다.

4. 예술경험 〉 예술적 표현하기 〉 움직임과 춤으로 표현하기 〉 움직임과 춤으로 자신의 생각과 느낌을 표현한다.

5. 자연탐구 〉 과학적 탐구하기 〉 생명체와 자연환경 알아보기 〉 생명체를 소중히 여기는 마음을 갖는다.

 활동자료

『우리는 친구』그림책, 명상음악, CD 플레이어

활동방법

① 그림책『우리는 친구』를 본다.
   ● 교사가 그림책을 보여 준다.
   ● 『우리는 친구』를 보고 느낌이나 기억에 남는 장면을 이야기한다.

② 음악을 들으며 명상을 한다.
   ● 명상 자세로 앉아 숨을 천천히 들이마시고 잠시 멈추었다가 오므린 입술을 통해서 천천히 숨을 내보낸다(호흡 조절을 하며 감정이완과 감정이입하기).

   ● 음악과 함께 그림책 속으로 들어가 본다.
     - 진정한 친구랑 함께할 수 있는 활동에는 어떤 것들이 있었니?
     - 친구와 함께 몸을 건강하게 할 수 있는 방법에는 어떤 것들이 있었니?

- 주인공은 친구와 함께할 때 어떤 마음이 들었니?

● 감은 눈을 뜨고 친구와 함께할 수 있는 활동을 찾아본다.

③ 친구와 함께할 수 있는 '사랑 나누기 체조'를 해 본다.

- 우리 몸의 어떤 부분을 두드려 주면 건강해질까?
- '사랑 나누기체조'를 할 때 지켜야 할 약속은 무엇일까?

활동명		활동내용
온몸 체조	깨우기	어깨, 팔, 겨드랑이, 가슴, 배, 엉덩이, 다리, 발 순으로 손바닥을 이용하여 두드리며 온몸을 깨운다.
	비틀기	전신을 고정한 채 목, 팔, 허리, 다리 등을 한 방향으로 비틀어 근육을 이완시킨다.
	늘이기	머리, 목, 팔, 허리, 다리 등 신체 각 부분을 당겨 근육을 이완시켜 준다.
손 체조	'X' 자로 얼굴, 볼 치기	검지를 이용하여 양 볼을 교차하여 짚는 동작을 반복한다.
	엄지, 약지 체조	양손의 엄지와 약지를 번갈아 가며 내는 것을 반복한다.
	가위, 바위, 보 체조	가위, 바위(바위, 보)를 번갈아 가며 내는 것을 반복한다.
	깍지 체조	깍지를 껴서 좌우의 엄지손가락이 위로 올라오도록 번갈아 가며 깍지 끼는 것을 반복한다.
	피아노 체조	음악에 맞추어 양 손가락을 피아노 치듯이 자유롭게 움직인다.
	손가락 만나기 체조	양 손가락의 끝을 엄지부터 약지 순으로 만나는 것을 반복한다.

● '사랑 나누기 체조' 활동을 한 후 느낌을 이야기한다.

- '사랑 나누기체조'를 하고 나니 마음이 어땠니?
- '사랑 나누기체조'를 하니 몸이 어땠니?
- '사랑 나누기체조'를 계속하게 된다면 우리의 몸과 마음이 어떻게 될까?

④ 명상을 한다(마음 들여다보기).

　　ㅡ 허리를 곧게 펴고 두 손을 배 위에 올려놓으세요.

　　ㅡ 두 눈을 감고 마음속으로 들어가 봅니다.

　　ㅡ 친구와 함께 '사랑 나누기 체조'를 하면서 기쁨을 느꼈습니다.

　　ㅡ 옆에 소중한 친구가 있다는 것은 기쁜 마음을 가지게 합니다.

사랑 나누기 체조를 하면서 기쁨 느끼기 1

사랑 나누기 체조를 하면서 기쁨 느끼기 2

기쁨 | 크리스마스 선물

🌱 **생활주제**　봄 · 여름 · 가을 · 겨울-겨울

🌱 **대상연령**　만 5세

🌱 **활동명**　크리스마스 선물

🌱 **활동유형**　● 이야기 나누기: 대 · 소집단

　　　　　　　● 감각적 활동(명상 · 조형 활동): 대 · 소집단

🌱 **영성**　기쁨-새로운 것을 창조하는 만족과 기쁨을 통한 영적인 삶의 육성

🌱 **활동목표**

1. 도구를 활용하여 크리스마스 선물을 만들며 여러 가지 조작운동을 한다.
2. 크리스마스 카드에 자신의 생각을 글로 나타낼 수 있음을 안다.
3. 크리스마스 선물을 만들어 친구와 어른께 예의 바르게 전달한다.
4. '크리스마스 선물' 활동 시 다양한 재료와 도구를 사용한다.
5. 크리스마스 때의 날씨와 자연현상에 대해 관심을 갖는다.

🌱 **누리과정 관련 요소**

1. 신체운동 · 건강 > 신체 조절과 기본 운동하기 > 신체 조절하기 > 도구

를 활용하여 여러 가지 조작운동을 한다.

2. 의사소통 > 쓰기 > 쓰기에 관심 가지기 > 말이나 생각을 글로 나타낼 수 있음을 안다.

3. 사회관계 > 다른 사람과 더불어 생활하기 > 사회적 가치를 알고 지키기 > 친구와 어른께 예의 바르게 행동한다.

4. 예술경험 > 예술적 표현하기 > 미술활동으로 표현하기 > 미술활동에 필요한 재료와 도구를 다양하게 사용한다.

5. 자연탐구 > 과학적 탐구하기 > 자연현상 알아보기 > 날씨와 기후변화 등 자연현상에 대해 관심을 갖는다.

🌱 활동자료

『순록의 크리스마스』그림책, 명상음악, CD 플레이어, 크리스마스 카드

🌱 활동방법

① 그림책『순록의 크리스마스』를 본다.
- 교사가 그림책을 보여 준다.
- 『순록의 크리스마스』를 보고 느낌이나 기억에 남는 장면을 이야기한다.

② 음악을 들으며 명상을 한다.
- 명상 자세로 앉아 숨을 천천히 들이마시고 잠시 멈추었다가 오므린 입술을 통해서 천천히 숨을 내보낸다(호흡 조절을 하며 감정이완과 감정이입하기).

- 음악과 함께 그림책 속으로 들어가 본다.
  - 산타 할아버지의 썰매는 누가 끌었니?
  - 산타 할아버지가 선물을 나누어 줄 때 어떤 마음이었니?

● 감은 눈을 뜬다.

③ 사랑하는 사람에게 줄 '크리스마스 선물' 활동을 한다.

- 크리스마스는 어떤 날이니?

- 누구에게 선물을 하고 싶니?

- 선물도 만들고 또 무엇도 쓰면 좋을까?

- 우리가 만든 선물을 받으면 받는 사람의 기분이 어떨까?

● '크리스마스 선물' 활동을 한 후 느낌을 이야기한다.

- 사랑하는 사람에게 줄 생각을 하면서 선물을 만드니 어떤 기분이 들었니?

- 선물을 받을 때 기분이 좋은데, 줄 때는 어떤 마음이 드니?

④ 명상을 한다(마음 들여다보기).

- 허리를 곧게 펴고 두 손을 배 위에 올려놓으세요.

- 두 눈을 감고 마음속으로 들어가 봅니다.

- 사랑하는 사람에게 크리스마스에 줄 선물을 만들면서 내 마음이 기쁨으로 가
  득 찼습니다.

- 선물은 받을 때도 기쁘지만 주는 것도 기쁘다는 것을 알게 되었습니다.

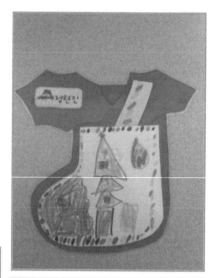

신발 모양 크리스마스 카드

색종이를 접어 만든 가방

크리스마스 선물 전달하기

기쁨 두근두근

🌱 **생활주제** 생활도구

🌱 **대상연령** 만 5세

🌱 **활동명** 두근두근

🌱 **활동유형** ● 이야기 나누기: 대·소집단

　　　　　● 감각적 활동(명상·정적 활동): 대·소집단

🌱 **영성** 기쁨-일상생활에서의 즐거움 발견

🌱 **활동목표**

1. 청진기로 심장 소리를 들어 보고 특성과 차이를 구분한다.
2. 『사랑해 사랑해 사랑해』 그림책을 보고 자신의 느낌, 생각, 경험을 말한다.
3. '두근두근' 활동을 통해 나에 대해 긍정적으로 생각하고 나를 소중하게 여기며 행복감을 느낀다.
4. 청진기로 심장 소리를 들으며 음악의 셈여림, 빠르기, 리듬 등을 탐색한다.
5. '두근두근' 활동을 통해 나와 다른 사람의 출생과 성장에 대해 안다.

🌱 **누리과정 관련 요소**

1. 신체운동 · 건강 > 신체 인식하기 > 감각능력 기르고 활용하기 > 감각으로 대상이나 사물의 특성과 차이를 구분한다.
2. 의사소통 > 말하기 > 느낌, 생각, 경험 말하기 > 자신의 느낌, 생각, 경험을 적절한 낱말과 문장으로 말한다.
3. 사회관계 > 나를 알고 존중하기 > 나를 소중히 여기기 > 나에 대해 긍정적으로 생각하고 나를 소중하게 여긴다.
4. 예술경험 > 아름다움 찾아보기 > 음악적 요소 탐색하기 > 다양한 소리, 악기 등으로 음악의 셈여림, 빠르기, 리듬 등을 탐색한다.
5. 자연탐구 > 과학적 탐구하기 > 생명체와 자연환경 알아보기 > 생명체를 소중히 여기는 마음을 갖는다.

🌱 **활동자료**

『사랑해 사랑해 사랑해』 그림책, 명상음악, CD 플레이어, 청진기

🌱 **활동방법**

① 그림책 『사랑해 사랑해 사랑해』를 본다.
- 교사가 그림책을 보여 준다.
- 『사랑해 사랑해 사랑해』를 보고 느낌이나 기억에 남는 장면을 이야기한다.

② 음악을 들으며 명상을 한다.
- 명상 자세로 앉아 숨을 천천히 들이마시고 잠시 멈추었다가 오므린 입술을 통해서 천천히 숨을 내보낸다(호흡 조절을 하며 감정이완과 감정이입하기).

● 음악과 함께 그림책 속으로 들어가 본다.

    – 어떨 때 사랑한다고 했니?

    – 사랑한다는 말을 들었을 때 아기의 표정이 어땠니?

    – 네가 아이였다면 사랑한다는 말을 들었을 때 어떤 기분이었을 것 같니?

● 감은 눈을 뜨고 청진기로 심장 소리를 들어 보는 활동해 보기

③ "사랑해"라고 말하고 청진기로 심장 소리를 들어 본다.

    – 가만히 심장 소리를 들어 보자.

    – "사랑해"라고 이야기하면서 심장 소리를 들어 본다.

    – 정말 콩닥콩닥 심장이 뛰는 것이 느껴지니?

● "사랑해"라고 말하고 청진기로 심장 소리를 들어 본 후 느낌을 이야기한다.

    – 친구가 네게 "사랑해"라고 말했을 때 네 심장이 어땠니?

    – 네가 친구에게 "사랑해"라고 말했을 때 네 심장이 어땠니?

    – 선생님이 네게 "사랑해"라고 말했을 때 네 심장이 어땠니?

    – "사랑해"라는 말을 들었을 때 기분이 어땠니?

④ 명상을 한다(마음 들여다보기).

    – 허리를 곧게 펴고 두 손을 배 위에 올려놓으세요.

    – 두 눈을 감고 마음속으로 들어가 봅니다.

    – "사랑해"라는 말을 들으면 심장이 콩닥콩닥 뛰면서 기분이 좋아집니다.

    – "사랑해"라는 말은 들어도, 해도 기분이 좋습니다.

    – 매일매일 해도 마음을 기쁘게 하는 말은 "사랑해"입니다.

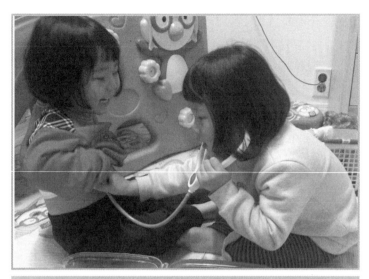

"사랑해"라고 말하고 친구의 심장 소리 들어 보기

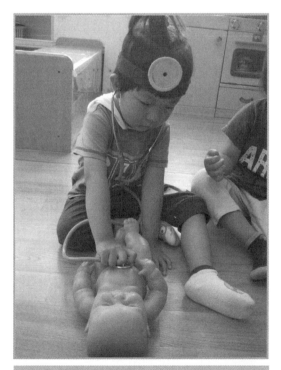

"사랑해"라고 말하고 인형의 심장 소리를 들어 보기

참 고 도 서

누리과정 생활주제	활동명	그림책 제목	영성	작가	출판사	출간 연도
유치원/ 어린이집과 친구	함께해서 좋아요	둘이서 둘이서	친밀	글 · 그림: 김복태	보림	2003
	소중한 친구	고흐 (꼬마 미술가 1)	친밀	글 · 그림: 브렌다 V. 노스이스트 역: 박수현	베틀북	2004
	둘이서 한마음	앤서니 브라운의 행복한 미술관	친밀	글 · 그림: 앤서니 브라운 역: 서애경	웅진 닷컴	2004
나와 가족	사랑의 선물	피터의 의자	친밀	글 · 그림: 에즈라 잭 키츠 역: 이진영	시공 주니어	1996
	내 마음의 색	오늘도 화났어!	관용	글: 나카가와 히로타카 그림: 하세가와 요시후미 역: 유문조	내 인생의 책	2010
	사랑해요 부모님	돼지책	관용	글 · 그림: 앤서니 브라운 역: 허은미	웅진 주니어	2009
	얄미운 마음을 날려라	얄미운 내 동생	관용	글 · 그림: 이주혜	노란 돼지	2010
우리 동네	우리 동네 지도	로지의 산책	친밀	글 · 그림: 팻 허친스 역: 오정환	더큰 컴퍼니	2007
동식물과 자연	나도 쓸모 있어요	강아지똥	관용	글: 권정생 그림: 정승각	길벗 어린이	1996
	무지개꽃이 피었어요	무지개꽃이 피었어요	기쁨	글 · 그림: 마이클 그레니엣	국민 서관	2002
건강과 안전	신문지 공	축구 선수 월리	기쁨	글 · 그림: 앤서니 브라운 역: 허은미	웅진 닷컴	2003
	사랑 나누기 체조	우리는 친구	기쁨	글 · 그림: 앤서니 브라운 역: 장미란	웅진 주니어	2008

〈계속〉

누리과정 생활주제	활동명	그림책 제목	영성	작가	출판사	출간 연도
생활도구	어둠을 밝히는 빛	앗, 깜깜해	친밀	글·그림: 존 로코 역: 김서정	다림	2012
	두근두근	사랑해 사랑해 사랑해	기쁨	글: 버나뎃 로제티 슈스탁 그림: 캐롤라인 제인 처치 역: 신형건	보물 창고	2006
교통기관	다른 사람을 생각할 수 있어요	검피 아저씨의 뱃놀이	관용	글·그림: 존 버닝햄 역: 이주령	시공 주니어	1996
우리나라	맛있는 김치	김치는 영어로 해도 김치	기쁨	글: 이금이 그림: 양상용	푸른 책들	2006
세계 여러 나라	주인을 찾아요	우리 개를 찾아 주세요	친밀	글: 에즈라 잭 키츠 그림: 팻 셰어 역: 김경태	베틀북	2002
환경과 생활	깨끗한 물 만들기	반짝반짝 반디각시	친밀	글·그림: 유애로	보림	2000
	사랑은 용서할 수 있어요	돌멩이도 춤을 추어요	관용	글·그림: 힐데 하이두크 후트 역: 김재혁	보림	2000
봄 · 여름 · 가을 · 겨울	미안해 친구야	까마귀 소년	관용	글·그림: 야시마 타로 역: 윤구병	비룡소	1996
	화난 마음 날려 보내기	지각대장 존	관용	글·그림: 존 버닝햄 역: 박상희	비룡소	1995
	사랑의 화채	고사리손 요리책	기쁨	글: 배영희 그림: 정유정	길벗 어린이	2007
	나누면 행복해요	아낌없이 주는 나무	기쁨	글·그림: 쉘 실버스타인 역: 이재명	시공 주니어	2000
	크리스마스 선물	순록의 크리스마스	기쁨	글: 모 프라이스 그림: 아쓰코 모로즈미 역: 한강	문학 동네 어린이	2004

참 고 문 헌

고병헌(1998). 한국 대안교육운동의 성격에 관한 연구. 성공회대학논총, 12, 250-287.

공인숙, 한미현, 김영주(2005). 보육학개론. 서울: 교육과학사.

국립국어연구원(1999). 표준국어대사전. 서울: 두산동아.

국어국문학회(2001). 새로 나온 국어대사전. 전주: 민중서관.

권석만(2011). 인간의 긍정적 성품. 서울: 학지사.

김성숙(2003). 가정의 심리적 환경과 아동의 성역할 정체감 및 자기효능감과의 관계. 한국 교원대학교 교육대학원 석사학위 청구논문.

김영주(2011). 아동영성발달. 서울: 학지사.

김영주, 김민서(2012). 유아를 위한 영성지향 평화교육 활동. 서울: 학지사.

김윤경(2006). 인터넷 감소훈련프로그램이 인터넷 중독아동의 인터넷 중독 감소와 자기통제에 미치는 효과. 경북대학교 교육대학원 석사학위 청구논문.

김정신(2001). 영성지향 유아교육과정의 개발. 경북대학교 대학원 박사학위 청구논문.

박미정, 송연숙, 김영주(2010). 유아교육기관에서의 그림책을 활용한 명상프로그램이 유아의 자기조절력과 공격성에 미치는 영향. 한국아동교육학회지, 19(4), 149-162.

박성혜(2012). 교사들의 영성을 위한 교사 교육의 방향. 학습자중심 교과교육 연구, 12(3), 15-175.

보건복지부, 교육과학기술부(2013). 만5세 누리과정.

이경님(2000). 학령 전 아동의 자기통제, 사려성과 자아개념의 관계. 동아교육 논총, 26, 1-15.

이경은(2007). 아동의 친사회적 행동향상을 위한 나눔 교육프로그램의 적용 및 효과성 연구. 연세대학교 사회복지대학원 석사학위 청구논문.

이은경(2010). 영화를 활용한 용서교육프로그램이 기독청소년의 용서, 자아존중감 및 대인 관계에 미치는 영향. 경성대학교 대학원 박사학위 청구논문.

정희숙(2006). 창조영성 교육프로그램이 유아의 자연 친교성에 미치는 영향. 숭실대학교 교 육대학원 석사학위 청구논문.

조연숙(2007). 영성교육프로그램이 초등학생의 봉사심 함양에 미치는 영향. 가톨릭대학교 교육대학원 석사학위논문.

차제순(2010). 독일어 대중가요의 분석심리학적 이해-사랑과 자기실현. 독일언어문학, 49, 217-232.

한명희(2007). 영성과 교육: 21세기 대안교육을 위하여. 미래사회와 종교성 연구원(편), 종 교성, 미래교육의 새로운 패러다임(pp. 25-65). 서울: 학지사.

한영란(2004). 교사와 영성교육. 서울: 내일을 여는 책.

허영주(2010). 교사의 영적 성숙을 위한 교사교육과정의 변화 방향 탐색. 교육과정연구, 28(1), 261-290.

Bentley, R. J., & Nissan, L. G. (1996). *The Roots of Giving and Serving*. IN: Indiana University Center on Philanthropy.

Bowlby, J. (1969). *Attachment: Attachment and loss, 1*. New York: Basic Books.

Ediger, M. (1988). Caring and the Elementary Curriculum. Unpublished manuscript.

King, R. H. (2001). 토머스 머튼과 틱낫한: 참여하는 영성(이현주 역). 서울: 두레.

Kobak, R. R., & Hazan, C. (1991). Attachment in marriage: The effects of security and accuracy of working models. *Journal of Personality and Social Psychology, 60*, 861-869.

Krishnamurti, J. (2007). 학교, 사유하는 공동체. 송순재, 고병헌, 황석영(편), 영혼의 성장과 자유를 위한 교사론(pp. 85-98). 서울: 내일을 여는 책.

Martin, J. (1984). 시와 미와 창조적 직관(김태관 역). 서울: 성바오로 출판사.

Mauger, P. A. (1992). The measurement of forgiveness: Preliminary research. *Journal of Psychology and Christianity, 11*(2), 170-180.

Miller, J. (2000). 홀리스틱교육과정(김현재 역). 서울: 책사랑.

Palmer, P. (2006). 가르침과 배움의 영성(이종태 역). 서울: 한국기독학생회출판부.

Rashid, T., & Anjum, A. (2005). 340 ways to use VIA character strengths. Unpublished manuscript. University of Pennsylvania.

Spaide, D. (1995). *Teaching Your Kids to Care*. Secaucus, NJ: Citadel Press.

Steiner, R. (1996). *The education of the child and early lectures on education*. Hudson,

New York: Anthroposophic Press.

Tillman, D., & Hsu, D. (2000). *Living values activities for children age 3-7*. Florida: Health Communication Inc.

찾아보기

《《인 명》》

◎ 김영주

- 서울대학교 가정대학 가정관리학과(학사)
- 서울대학교 대학원 소비자아동학과(석사)
- 서울대학교 대학원 소비자아동학과(박사)
- 현 울산대학교 아동가정복지학과 교수

저서 및 논문

『창의적인 아이로 키우는 전래동화 새롭게 읽기』(대교출판, 2010)

『아동문학』(공저, 양서원, 2009)

『보육학개론』(공저, 교육과학사, 2007)

「감각적 영성활동이 유아의 자기 효능감에 미치는 효과」(공저, 한국보육지원학회, 2010)

「그림책을 활용한 명상활동이 유아의 자기 조절력에 미치는 효과」(공저, 한국열린유아교육학회, 2009)

「그림책을 활용한 용서교육프로그램이 유아의 공격성에 미치는 효과」(공저, 한국보육지원학회, 2008)

◎ 신혜경

- 울산대학교 교육대학원 유아교육전공(석사)
- 울산대학교 일반대학원 아동·가정복지학전공(박사과정)
- 현 울산대학교 아동·가정복지전공 외래강사
    울산대학교 보육교사교육원 외래강사

논문

「유아, 가족, 지역사회 탄력성에 관한 유아교사의 인식」(공저, 한국가정관리학회, 2010)

「유아교사가 인식한 유아탄력성, 가족탄력성, 지역사회탄력성에 관한 연구」(울산대학교 교육대학원 석사학위논문, 2008)

◎ 임효정

- 울산대학교 교육대학원 유아교육전공(석사)
- 현 화진초등학교 병설유치원 교사

유아를 위한 영성지향 사랑교육 활동

2014년 3월 20일 1판 1쇄 인쇄
2014년 3월 25일 1판 1쇄 발행

지은이 • 김영주 · 신혜경 · 임효정
펴낸이 • 김진환
펴낸곳 • (주) **학지사**

121-838 서울특별시 마포구 양화로 15길 20 마인드월드빌딩
대표전화 • 02)330-5114 팩스 • 02)324-2345
등록번호 • 제313-2006-000265호

홈페이지 • http://www.hakjisa.co.kr
커뮤니티 • http://cafe.naver.com/hakjisa

ISBN 978-89-997-0335-5 93370

정가 15,000원

인터넷 학술논문 원문 서비스 **뉴논문** www.newnonmun.com

이 도서의 국립중앙도서관 출판시도서목록(CIP)은 서지정보유통지
원시스템 홈페이지(http://seoji.nl.go.kr)와 국가자료공동목록시스템
(http://www.nl.go.kr/kolisnet)에서 이용하실 수 있습니다.
(CIP제어번호: CIP2014007189)